MW01087408

Coaching Para El Manejo Del Estrés

Herramientas Para Una Vida Saludable

Dilcia Betancourt

Primera edición: Marzo 2016

Categoría:
Autoayuda, Crecimiento Personal.

Colaboradores:
Ramón Salazar (Fotógrafo)
Natalia Flórez (Estilista)

Reservados todos los derechos. Queda rigurosamente prohibida, sin la autorización escrita del autor del *copyright*, bajo las sanciones establecidas por la ley cualquier forma de reproducción, distribución, comunicación pública o transformación de esta obra.

ISBN-13: 978-1530479405
ISBN-10: 1530479401

©Dilcia Betancourt, 2016
dilcia.betancourt@global-lifecoaching.com
Skype: coachdilcia
web: www.global-lifecoaching.com
Servicio de publicación ACE - ACCA

AGRADECIMIENTO

Agradezco profundamente al Creador de la vida. Con su amor tan inmenso por la humanidad ha permitido que a través de la historia miles de personas se inspiren a sacar su máximo potencial aportando así sus conocimientos, experiencias y descubrimientos para lograr un mundo con mayor esperanza, bienestar y felicidad.

Agradezco a la Academia de Coaching y Capacitación Americana (ACCA) por brindar a través de sus competentes mentores la guía necesaria para transitar por este fascinante camino de aprendizaje y de reencuentro conmigo misma.

A mi querida Mentora Marilyn Fernández que con su sapiencia y dedicación me brindó la oportunidad de auto conocerme, auto valorarme y auto motivarme aun más, para lograr ser un Coach de excelencia tal y como ella lo es. Gracias por su tiempo, por esa milla extra ofrecida y por saciar cada duda que traje a la mesa.

No puedo dejar de agradecer a mi querida, ahora doblemente colega, la Psicóloga y Máster Coach Rosalina Ruiz quien me introdujo a este mundo fascinante del Coaching y la PNL. Las largas horas en su clínica inspiraron algunos de los pasajes del libro. Los ejercicios aprendidos durante mis sesiones de Coaching permanecerán por siempre en mi mente y serán transmitidos a mis futuros clientes.

Agradezco de todo corazón a mi esposo e hijo, los pilares de mi vida. Gracias por su paciencia, comprensión y sacrificio para que yo pudiera obtener este logro personal y profesional aportando así un granito de arena para vivir en una mejor sociedad.

A mi madre y a mi padre, quienes estuvieron presentes en mi memoria a lo largo de este tiempo de aprendizaje y escritura. Sus ejemplos de vida han sido y serán una fuente de aprendizaje e inspiración. Mi corazón siempre retribuirá el amor incondicional que me han tenido. A ustedes mis queridas hermanas: Eva, Dino y Kary por el amor fraterno que existe entre nosotras; eso no tiene precio.

A mis queridos y admirados ex jefes de trabajo. Su ejemplo en el área laboral me inspiró grandemente en las secciones relacionadas al estrés laboral en el trabajo recordando que hay asuntos más importantes que las interminables horas laborables en una oficina o en una escuela. Gracias Alejandrina Torres, Oscar Chicas y Gilberto Lozano. Su trato al personal y comprensión de sus necesidades hacen la gran diferencia en los centros de trabajo.

Agradezco a LCI Liliams Carrillo por su interés incondicional en compartir conmigo su experiencia con la ACCA lo cual me motivó a tomar la decisión de seguir sus pasos conduciendome a cumplir el sueño de escribir este libro.

Agradezco profundamente a la LCI Dayana Del Valle, Directora de Servicios ACE-ACCA quien tomó este proyecto como si fuera suyo. Su dedicación, profesionalismo, y orientación no tienen precio. Gracias por sus magnificas ideas. Siempre aprendí algo nuevo en cada conversación. Gracias por sus sonrisas y entusiasmo demostrado por cualquier medio de comunicación logrado sin importar la hora del día.

Y por supuesto, gracias a mis amistades y conocidos que tomaron su tiempo para responder la encuesta que soporta este material.

ÍNDICE

PRÓLOGO

Tengo el enorme agrado de presentar esta obra, cuya autora no solo es una excelente profesional, sino, una persona integral y una gran amiga.

Es notable la sencillez con la que explica temas muy complejos incluidos en el libro, que nos permiten a los lectores sin conocimientos específicos, comprender sin mayores dificultades el contenido de la obra.

Los conceptos de estrés, salud, conciencia, subconsciente, programación neurolingüística, mente, inteligencia, empoderamiento, creencias y el que da pie al título del libro, el Coaching, son palabras que cobran actualidad en el complejo mundo y en la realidad agitada y estresante que estamos viviendo actualmente y que repercute en nuestro bienestar integral, más aún, afecta nuestro balance, tranquilidad, paz y armonía.

Con bastante simplicidad, la autora nos permite incursionar en temas muy amplios incluidos el estrés, la ansiedad y la depresión, pero con las descripciones conceptuales, el apoyo de ejemplos, comentarios de otros autores, y anécdotas, podemos comprender la importancia de interpretar adecuadamente la realidad y los factores que influyen en la correcta o incorrecta actitud que podemos adoptar ante las dificultades y las experiencia negativas que nos rodean permanentemente en nuestra vida cotidiana.

Estoy seguro que este libro le permitirá conocer como el Coaching le ayudará a mejorar su calidad de vida y el de las personas que interactúan diariamente con usted.

Sin duda alguna, una obra que causará un impacto positivo en su existencia, y le guiará a tomar decisiones para cambios positivos en su vida.

Ing. Néstor Valdebrán
Ingeniería de Proyectos

DILCIA BETANCOURT

INTRODUCCIÓN

Estrés. Una palabra que evoca muchas ideas y sentimientos. Hoy en día este término se escucha a diario como si fuese el pan nuestro de cada día.

Las personas en general y nosotros mismos, solemos decir que fulano o mengano se enfermaron debido al estrés. Que le dio un derrame cerebral al vecino por el estrés. Que las preocupaciones financieras que tiene la tía le provocaron tanto estrés que se deprimió. Son tantas las frases y conversaciones en las que nos vemos inmersos y el invitado principal es el estrés ¿O no? ¿Se ha preguntado cuantas veces menciona o piensa usted sobre ese término? ¿Será que está de moda?

Lo triste es que muchos creen que ya aprendieron a vivir con el estrés y siguen sus vidas con esa carga que sin saber los hunde cada día más y más. Seguramente se habrá preguntado... ¿Cómo soluciono mis problemas? ¿Cómo hago para sentirme una persona feliz, plena y realizada? ¿Qué puedo hacer para sentirme como mi amigo, que a pesar de que está en peores circunstancias que las mías, luce tranquilo, en paz y sin estrés? Son muchas las preguntas y dudas que nos acompañan a diario y es lógico y aceptable tenerlas.

El inconveniente es que tratamos miles de técnicas y nos seguimos sintiendo igual o peor. Pero lo lindo de todo este asunto es que hay esperanza para muchas personas que son víctimas de este "mal" tan conocido como "la enfermedad del siglo XXI". A través de las técnicas del Coaching brindamos a nuestro Coachee, es decir a nuestro cliente, soluciones prácticas, viables y manejables que lo potencializa a moverse de su estado actual a su estado deseado: La felicidad.

Muchas personas se preguntarán porque escogí escribir sobre este tema tan trillado, sin embargo considero que no ha sido desarrollado desde el punto de vista del Coaching y la PNL (Programación Neurolingüística) tal y como se plantea en este libro.

En lo personal, una de mis principales razones, es que no había conocido ninguna técnica que ayudara tanto a una persona a manejar y controlar el estrés como es el Coaching y la PNL.

Al ser "víctima" del estrés, empecé a tener problemas de salud, que en un momento de mi vida me llevaron a incapacitarme por casi un mes en mi trabajo. Fue durante ese tiempo y después de largos meses de dolencia física y angustia, cuando empecé a vivir en carne propia como el Coaching y las técnicas de la PNL empezaron a tener un efecto positivo en mi salud.

En primer lugar desconocía de estas técnicas, pero después de pasar por varios médicos, haber tomado diferentes tipos de fármacos y habiendo hecho uso de la medicina alternativa, llegué a entender el poder que Dios nos ha dado y que ese poder y herramientas están en nuestra mente, en nuestro cerebro pero que cientos de veces no lo aprovechamos por tabúes y/o desconocimiento.

Cuando abrí mi mente a la posibilidad de mejorar aplicando dichas técnicas, mi salud se empezó a restablecer hasta al punto de dejar de usar los fármacos tradicionales que el médico me había recetado. Hace más de un año empecé en este proceso y cada vez me convenzo más y me enamoro más del Coaching y la PNL.

Al indagar en los libros y en el internet literatura sobre el Coaching y el estrés, advertí que no hay abundancia de información sobre este tema, por lo que creí necesario y pertinente brindar mi experiencia y conocimiento de esta rama a través de este libro.

Sé que el Coaching no es la panacea para solucionar todo problema relacionado con el estrés, pero también sé que miles de personas se pueden beneficiar grandemente ¿Entonces porqué seguir lamentándonos y sufriendo?

Recuerdo que en una ocasión llegué al despacho de mi Coach con un problema que acababa de tener en mi trabajo y que me estaba ocasionando bastante estrés. No puedo olvidar la técnica que ella utilizó la cual la describo como corta y súper efectiva. Duró menos de diez minutos. Al concluir el ejercicio me preguntó si recordaba el evento que me había causado estrés. "No, no recuerdo", fue mi respuesta acompañada con una sonrisa de incredulidad y sorpresa. "Un momento", le dije viendo el tráfico de la calle a través del vidrio, "¿Tú me estás diciendo que toda esa gente colmada de angustias, preocupaciones y depresiones pueden sentirse mejor haciendo esta técnica?", y su respuesta fue: "Si, así de sencillo. Nuestro cerebro es maravilloso. Dios nos lo dio para saber usarlo". Yo seguí sin poderlo creer y dije: "No es justo. No es justo que tanta gente siga sintiéndose miserable, derrotada y sin esperanza".

La experiencia de esa tarde permitió llenarme no solo de alegría, sino también de convencimiento de que el Coaching junto con la PNL **SI** funcionan y que debía hacer algo no solo por mí y mi familia, sino también por el resto de las personas que estaban en igual o peores circunstancias que las mías.

Este tiempo ha sido un proceso de aprendizaje increíblemente enriquecedor. No solo me he sometido a un estiramiento, además he hecho un "alineamiento" de mi cuerpo, mente y alma. (Robé tu palabra Rosalina). Mi objetivo es llevar esperanza, conocimiento y a la vez convencimiento de que podemos estar en ese estado que soñamos, donde nosotros seamos los dueños y protagonistas de nuestras vidas y no que la vida y las circunstancias se adueñen de nosotros.

Para ello me permití empezar a introducir el tema del Coaching conociendo lo básico, su origen, su historia, la definición de Coaching y tipos de Coaching. A medida que el lector lea estas líneas, irá tomando conciencia como el estrés afecta su salud física y mental. Quizás usted no esté consciente que su alto nivel de estrés es lo que le está provocando efectos negativos en algunas o varias áreas de su vida. Muchas personas no suelen admitir este hecho porque lo ven como debilidad.

El problema es que entre más tiempo estresamos nuestra mente y nuestro cuerpo, las consecuencias empeoraran inminentemente. Para ello, estoy ofreciendo diversas técnicas de Coaching que ayudarán al cliente a manejar, reducir o eliminar el estrés tanto en su ámbito personal como laboral.

En ese orden de ideas, también se desarrollan lo términos Inteligencia Financiera como Inteligencia Emocional, las cuales son expresiones que se escuchan en el vocablo moderno de los individuos. Al saber aplicar ambos tipos de inteligencias en nuestras vidas lograríamos reducir grandemente las posibilidades de padecer enfermedades ocasionadas por el estrés.

En el contexto de las técnicas de Coaching, no puedo dejar a un lado la importancia de la PNL, para mi es una estrategia súper efectiva en la vida de los clientes ya que se maneja a nivel del subconsciente. ¿Sabía que solamente el 5% de nuestra mente es consciente y que el 95% es subconsciente? Analice lo que significan esos números y tendrá la respuesta.

Es importante considerar como el estrés laboral afecta la vida de millones de empleados alrededor del mundo. Tuve la oportunidad de trabajar por varios años en el área de Recursos Humanos en diversas empresas de mi país de origen, y pude palpar la carga de estrés con la que el personal llega a sus centros laborales. Nadie está exento de esto. Todos hemos padecido de los efectos del estrés de una u otra forma y no es nada agradable. Recuerdo como si fuera ayer los rostros de angustia y preocupación de los empleados que llegaban a mi oficina buscando una solución a sus problemas. Problemas que generaban un nivel de estrés difícil de manejar. Buscaban esperanza.

Infortunadamente en ese tiempo no contaba con los conocimientos que poseo en la actualidad, a pesar de haberme graduado como Psicóloga. Para ese entonces el Coaching estaba en pañales, por lo menos en ese ambiente donde yo me estaba desarrollando. Sin embargo, tampoco había políticas de Recursos Humanos que permitieran desarrollar planes de manejo de estrés. Quizás un curso aislado sobre el manejo del estrés para los empleados, pero nada metódico ni sistemático que pudiera medir el nivel de estrés y permitiera dar un seguimiento continuo para su pronta evaluación y por ende eliminación o disminución del mismo. Hoy en día lamento ese hecho. Pero mi pregunta para usted estimado lector es ¿cuántas empresas de las que usted conoce brindan Coaching a sus empleados?

También ofrezco la oportunidad de conocer y aplicar técnicas y estrategias tanto en el campo personal como laboral. Como ya lo han podido apreciar, ambas han tenido un gran impacto en mi vida, sin embargo, es su elección usar las herramientas que se le ofrecen para impactar la suya.

Como maestra certificada de educación primaria, entiendo perfectamente el tipo y el grado de estrés laboral que ocasiona el trabajo como personal docente en las escuelas. Me tomé el tiempo para dedicar una sección del libro a mis estimados colegas maestros. Les aseguro que la aplicación de las herramientas mencionadas les traerá grandes beneficios.

Por otra parte, siempre he tenido la inquietud de reconocer la importancia de la inclusión y reconocimiento de las personas de la tercera edad en nuestra sociedad para que se sientan plenos, realizados y con vida. Es incontable el número de personas que llegan a padecer de enfermedades físicas y emocionales debido al estrés que la jubilación provoca. Solo unas cuantas de las personas de las que me rodean están preparadas para esa realidad inminente. También para quienes se encuentran en la "edad de oro" hay buenas noticias. En esa sección del libro hay ideas de cómo manejar ese proceso, el cual para muchos es, o pudiera ser, muy desalentador ocasionando efectos negativos en la vida de dichas personas.

Este libro está dirigido a cualquier persona que desee ser feliz, a cualquier empleado y ser humano que quiera salir de su zona de confort y efectuar un cambio positivo en su vida con la guía de un profesional capacitado que lo mueva a un estado de plenitud, confianza, esperanza y felicidad.

Mi intención con este libro es despertar curiosidad al lector. Curiosidad que es necesaria para darse la oportunidad, en primer lugar, de conocer más sobre esta gran tendencia que en la actualidad se ha popularizado. Y en segundo lugar, para que busque los servicios de un profesional del Coach avalado y certificado que le brinde los servicios de Coaching con los cuales logrará grandes cambios que le beneficiarán enormemente.

Este proyecto no solamente está sustentado por la bibliografía que lo acompaña y por la experiencia personal en esta área, pero también lo sustenta una encuesta cerrada de opinión aplicada a 70 personas, mayores de edad, de diferentes profesiones y género. Aunque si bien es cierto, es una muestra no representativa de la población, es interesante conocer la tendencia de opinión de las personas que muy amablemente participaron y que seguramente usted se identificará con sus respuestas.

Mi expectativa es que el lector disfrute, aprenda y obtenga conceptos claros sobre el Coaching para el Manejo del Estrés. Conceptos que lo muevan a ejecutar acciones para sobrellevar su situación actual o para mejorar diversas áreas de su vida.

Finalmente les comparto mi deseo de poder escuchar decir de la boca de miles de personas que la enfermedad del siglo XXI encontró su mejoría aplicando las Herramientas del siglo XXI: El Coaching.

Que disfrute la lectura que con ahínco preparé para usted.

La Autora

Capítulo 1

EL COACHING Y LA SALUD UN COMPLEMENTO TANGIBLE

Todo tiene su historia

Con la intención de introducir a este concepto moderno y apasionante, es imperativo dar a conocer sus orígenes. Uno de los orígenes más antiguos tiene que ver con el enigmático filósofo Sócrates, quien estableció el término "mayéutica" que significa dar a luz. Es una técnica que consiste en interrogar a una persona para hacer que llegue al conocimiento a través de sus propias conclusiones.

El Coachee, conocido como el cliente en el campo del Coaching, es capaz de llegar a sus propias conclusiones por medio de preguntas poderosas elaboradas por el Coach moviendo así los sentimientos y pensamientos más intrínsecos, logrando de esta manera resultados positivos en su vida y en la de los que lo rodean.

El término Coach significa entrenador. La etimología de la palabra Coach se origina en la ciudad húngara de Kocs. En el siglo XV las personas utilizaban el término *kocsi szekér* o *carruaje de coks* para nombrar un tipo de carruaje que se difundió en esa región. Este término pasó al idioma alemán como *kutsche*, al italiano como *cocchio*, al inglés como *coach* y al español como *coche*.

A partir de 1850 este término es empleado en las Universidades de Inglaterra originándose entonces el coach o entrenador en el campo académico y posteriormente el coach deportivo. Fue hasta 1980 cuando se conoce al Coaching como una profesión con formación y con sus respectivas acreditaciones.

Gracias a las técnicas de meditación que el famoso autor Timothy Gallwey aplicó en el campo del deporte, le permitió reconocer que el poder de la concentración había mejorado su desempeño en el tenis. En los años 70's, Gallwey concluyó que el peor enemigo de un deportista era su propia mente desarrollando una serie de libros para ayudarlos a obtener un mayor rendimiento. Sir John Whitmore, logró adaptar de forma exitosa este procedimiento al medio empresarial inglés y dio origen a lo que hoy se conoce como Coaching Empresarial. Años después el ingenio y pericia de Thomas J. Leonard lo llevó al ámbito personal ganando el título de padre del Coaching Moderno.

Definición de Coaching

Si se efectúa una investigación en los libros relacionados con este tema o en el internet, encontraremos muchas definiciones, de las más sofisticadas a las más simples, variadas y con distintos enfoques. Por ejemplo, algunos expertos consideran que el Coaching es un proceso dinámico en el que el Coach asiste al Coachee para lograr sus metas. Otros lo consideran como una metodología para lograr el máximo potencial de las personas. También se cree que es una disciplina que facilita los procesos de desarrollo del individuo.

Otros expertos manifiestan que es un proceso sistemático que facilita el aprendizaje y promueve cambios. En fin, es tan amplia y tan rica su enseñanza que personalmente seleccioné una definición sencilla para efectos de este libro. Para mí el Coaching es una herramienta con la cual se ha comprobado que el Coachee puede moverse de un punto "A" a un punto "B", es decir, el Coachee logra moverse de su estado actual a su estado deseado. Simple. Con esta definición en mente, a través de la lectura de este libro podremos comprender el propósito del Coaching en las diferentes áreas de un individuo, específicamente en su salud y laboral.

Cabe mencionar que según la encuesta efectuada a 70 participantes, el 67% de los encuestados sabe lo que significa el término Coaching y el 33% lo desconoce. No obstante, es un término que se sigue asociando con el deporte, por lo tanto, los profesionales del Coaching enfrentamos un reto que cumplir para aclarar y abrir espacio a esta profesión que tanto se necesita (Ver anexo).

¿Qué es un Coach y cuál es su rol?

Tal y como lo describe la historia, podemos decir entonces, que el Coach es un profesional capacitado con un vasto entrenamiento en diversas áreas que le permiten guiar o mover a un Coachee o cliente, de su estado actual a un estado deseado. La mayoría de las personas a quienes tratamos, incluso nosotros mismos, podríamos estar ubicados en el rango de la población que, por una u otra razón no se siente satisfecha completamente.

Esta insatisfacción muchas veces puede ocasionar una frustración en los diferentes ámbitos de su vida como ser humano, bien sea en lo laboral, finanzas, educación, salud, emocional, entre otras. Cuando estas áreas de la vida de una persona no están satisfechas, usualmente la tendencia es buscar ayuda exterior.

Hay una serie de profesionales que pueden brindar este tipo de ayuda, sin embargo, estamos convencidos de que un Coach será esa persona capaz de potencializar a su cliente para salir triunfante usando todos los recursos internos con el cual ya está dotado.

El Coach simplemente hace uso de las técnicas de Coaching para que el cliente las aplique de acuerdo a sus necesidades. El Coachee será capaz de alcanzar sus metas y objetivos planteados por el mismo a través del empoderamiento a través de técnicas que le fueron dadas. Esta afirmación la refuerza la opinión de los encuestados en donde el 91% piensa que la guía de Coach puede generar beneficios en sus vidas. El 9% no considera que un Coach pueda generar dichos beneficios probablemente debido a la falta de conocimiento de esta importante y fascinante profesión (ver anexo).

Para enriquecer aun más este concepto, de acuerdo a Joseph O'Connor y Andrea Lages, en su libro *Coaching con PNL*, el Coach se ocupa de tres cosas en este proceso. El primero es mostrarle al Coachee el camino en que está. Segundo, enseñarle las opciones posibles y ayudarle a tomar una nueva dirección. Tercero, ayudarle a persistir en el cambio. Además, dichos autores señalan que la vida consiste en una serie de decisiones y que "un gran cambio es a menudo la suma de muchos pequeños cambios que aguardan el momento adecuado. Cada decisión que tomamos nos mantiene en el viejo y cómodo camino conocido, o nos dirige hacia lo que realmente deseamos. El Coaching te ayuda a decidir".

Diferentes tipos de Coaching

Coaching personal

Considerando la opinión de Joseph O'Connor y Andrea Lages, "el Coach Personal se ocupa de la vida de su cliente en todas sus dimensiones: la vida privada, la profesión, la salud y las relaciones". También su vida de pareja, la relación con sus hijos, el nivel de satisfacción en el trabajo, su carrera, su retiro y sus condiciones de vida.

Teniendo esto en mente, podemos decir que el Coach personal permite que usted se mueva de su estado actual a su estado deseado en todos los ámbitos de su vida. Es importante notar que el Coaching personal no enfatiza en el pasado del Coachee, sino que reconoce su pasado porque forma parte de la vida del cliente, pero se enfoca en el presente con miras a ese futuro deseado. El Coachee valorará y usará sus recursos y potenciales con los cuales está dotado, e incluso adquirirá nuevos hábitos y habilidades para lograr la mayor satisfacción en su vida. El Coach, a través de la alianza efectuada con el Coachee, ayudará a que su cliente logre sus metas, sus sueños más deseados.

Podemos comparar a un gran atleta, que a través de la guía de su entrenador personal o coach alcanza sus metas en virtud del entrenamiento arduo y diario considerando sus propias habilidades y motivación intrínseca. Al final, la gloria, el mérito será del atleta y no del coach. ¿Ha visto alguna vez a un entrenador recibir la medalla de oro, plata o bronce? Lo mismo sucede con el Coach personal, el triunfo es del Coachee que con su empeño y uso de sus facultades logró su cometido. El Coach siempre está allí para escuchar, hacer peguntas, para que el Coachee logre sus metas, pero no da la solución. De acuerdo al Coach personal Alejandro Fariña, un Coach se entrena para desarrollar el ser de la persona y además:

- Orienta y ayuda a descubrir qué dirección tomará en su vida.
- Lo acompaña trabajando juntos, codo con codo, en alcanzar sus metas.
- Asesora para descubrir cómo superar los obstáculos que surjan en el camino hacia sus metas.
- Anima para mantenerlo motivado en alcanzar sus metas y objetivos.
- Lo entrena para desarrollar las habilidades que necesita para mejorar sus fortalezas y minimizar sus debilidades.
- Lo ayuda a alejarse de las excusas y disculpas que lo frenan y alejan de sus metas.
- Estimula a obtener sus propias soluciones y estrategias.
- Ayuda a ser consciente de sus puntos débiles o carencias para desarrollar nuevas fortalezas y habilidades para luego estar en mejor posición frente a la consecución de tus objetivos.
- Mantiene su enfoque y lo responsabiliza con sus objetivos.

Teniendo en cuenta la información anterior, es oportuno hacer una distinción entre un Coach y otros profesionales. A continuación un cuadro comparativo que ayudará al lector tener una visión más clara de la gran labor que lleva a cabo un Coach y por ende los beneficios que obtendrá un Coachee.

Profesional	Descripción
COACH	Un Coach es literalmente un vehículo que lleva a una persona o grupo de personas de un origen a un destino deseado.
PSICÓLOGO	Es un profesional de la salud mental especializado en un área determinada de las tres dimensiones de la Psicologia (pensamiento, emociones, conducta)
MENTOR	Es una persona que, con mayor experiencia o conocimiento, ayuda a una persona de menos experiencia o conocimiento.
TUTOR	Se encarga de cuidar de otra persona que no puede hacerlo por sí misma. Profesor encargado de dirigir y aconsejar a un grupo determinado de estudiantes en un centro de enseñanza.
ASESOR	Un asesor es un especialista que presta consejo sobre algún tema.

Coach Vs. otros profesionales

Con este cuadro comparativo podemos concluir sobre el gran beneficio que el Coaching personal puede lograr versus otras profesiones. Si eres una persona con deseos de cambio a corto plazo y comprometido con el proceso de Coaching, si eres una persona a la cual le gustan los retos y desafíos, entonces el Coaching es para ti.

Se puede decir entonces que son muchos los beneficios que una persona puede lograr a través del Coaching personal.

Para efectos de este libro, no podemos dejar a un lado la definición de Coaching empresarial.

Coaching empresarial

Joseph O'Connor y Andrea Lages sostienen que el Coach de empresa "...atiende a las personas en su trabajo en relación con cuestiones profesionales...se concentra en el individuo, no en el sistema empresarial, pero sin duda influye de manera directa en los resultados corporativos, mejorándolos".

Es muy común hoy en día que las personas se sigan quejando de su ambiente laboral, de la forma en cómo son tratados por sus jefes o por otros empleados. Según mi experiencia en el área de Recursos Humanos, un buen porcentaje de empleados en las organizaciones se quejan de la falta de comprensión por parte de sus jefes. Si bien es cierto que al empleado se le paga por cumplir con su trabajo, también es cierto que estas personas son seres humanos y por tanto se enferman, poseen problemas personales, financieros y todo ello repercute, quiérase o no, en el desempeño laboral.

Cuando un trabajador se presenta a su centro de trabajo con sus áreas satisfechas y sintiendo que será recibido en un ambiente laboral positivo, la historia es otra. No podemos negar que hay necesidades que deben ser satisfechas para el buen rendimiento de los empleados y por ende de las organizaciones, pero infortunadamente en la gran mayoría de las empresas sucede lo contrario. De ahí el alto nivel de rotación de personal, ausentismos, disminución en la producción y/o servicio a los clientes y una baja moral en el personal.

En los países en vías de desarrollo, los empleados cargan con presiones extras como devengar bajos salarios, los agentes externos como el ruido en las fábricas o en las calles y no digamos la inseguridad no solo laboral, también pública debido a alta tasa de criminalidad, leyes de impunidad que rigen en cientos de países a nivel mundial que afectan la vida de las personas y sus familias. Además hay que considerar los altos niveles de corrupción, las crisis familiares y falta de valores morales que predominan en estas naciones.

Por tanto, el Coaching empresarial es una respuesta ante muchas inconformidades por las cuales el empleado - de todos los niveles - puede estar experimentando. Seguramente ha conocido a ejecutivos súper exitosos en sus trabajos pero son un desastre en su vida privada. ¿No sería ideal que ambas áreas estén satisfechas? ¿No sería justo tener trabajadores en las organizaciones que sean capaces de hacer su labor pero que a la vez estén saludables física y mentalmente? ¿Cuál sería el nivel de rendimiento entonces en su puesto de trabajo?

Coaching de familia

Como los demás tipos de Coaching, el Coach familiar busca que los miembros de la familia logren sus objetivos como unidad familiar. Se fortalece la confianza entre cada uno de ellos y se refuerza la importancia del equipo de trabajo. La familia es capaz de realizar un plan de vida familiar con acciones concretas donde todos los miembros se sientan útiles, importantes, complacidos e indispensables en un sistema familiar saludable.

Coaching de pareja

La base para un buen funcionamiento de la unidad familiar es la pareja. Sin embargo, ya sea que la pareja desee procrear hijos o no, el enfoque es ayudar a ambos a fortalecer los lazos afectivos, los canales de comunicación, el respeto de la individualidad, el manejo de los conflictos y el logro de objetivos comunes que poseen como pareja.

Capítulo 2

HERRAMIENTAS PARA EL MANEJO DEL ESTRÉS

El Coaching y las creencias

El reconocido autor Robert Dilts en su libro *Cómo cambiar Creencias con la PNL*, parte de la convicción de que "...las creencias de lo que nosotros poseemos sobre nosotros mismos y del mundo que nos rodea tiene un gran efecto en nuestra vida cotidiana". Un elevado porcentaje de las enfermedades que las personas poseen depende grandemente de las creencias que estas manejan y no digamos de su actitud ante la recuperación por parte del paciente. Lo maravilloso de todo esto es que las creencias que nos limitan pueden llegar a convertirse en creencias potenciadoras.

Pero, ¿qué es una Creencia? La creencia es una afirmación personal que se considera verdadera. Las creencias forman parte de nuestra programación personal y generalmente se forman en la niñez a través de la impronta.

Por otro lado, Miguel Ruiz en su libro *Los Cuatro Acuerdos*, menciona que "...nuestro sistema de creencias es como un libro de la ley que gobierna nuestra mente. Y cualquier cosa que vaya contra esa ley genera miedo. Ya que nos hace sentir inseguros el hecho de poner en tela de juicio lo que creemos. Necesitamos una gran valentía para desafiar nuestras propias creencias".

A lo largo de nuestras vidas, hemos sido bombardeados por todo lo que nos han dicho nuestros padres, abuelos, tías, tíos, primos y demás familiares. Esa información se esculpió en nuestro cerebro desde la gestación, luego pasamos por el embarazo de nuestra madre en donde seguimos recibiendo más información, no podemos dejar a un lado la experiencia del parto, la niñez, adolescencia y adultez. Bien, durante todo ese tiempo se han ido creando programas y mapas mentales en nuestro cerebro que han hecho lo que somos el día de hoy.

Privados de consciencia, es decir de manera inconsciente, usted, yo, nuestro vecino y mejores amigos hablamos lo que pensamos y decimos lo que creemos. Se ha afirmado que al día tenemos más de 60.000 pensamientos. Este dato nos impele a preguntarnos y a descifrar qué tipo de pensamientos está activando un Coachee diariamente. ¿Son pensamientos de abundancia o de escasez? Pero con la vida llena de tantos problemas, enfermedades, tribulaciones... ¿cómo puedo activar esos pensamientos de abundancia?

Algo sencillo que podemos enseñarle a nuestros clientes es el desarrollo de la habilidad del agradecimiento. Agradecer por esas cosas sencillas de la vida. Cada mañana al levantarnos dar gracias a Dios por todo lo que nos da: por la ropa, la cama, el carro, los hijos, la salud, el trabajo, entre otros. De esa manera empezaremos a entrenar a nuestro cerebro con ese tipo de pensamientos, por ende nuestras palabras serán y sonarán diferente no solo hacia nosotros mismos sino también hacia los demás.

No es saludable atormentar nuestra mente con las creencias que poseemos. Tenemos que estar conscientes de la importancia de ese diálogo interno que llevamos a cabo diariamente. Miguel Ruiz, en su primer acuerdo nos invita a ser impecables con nuestras palabras. Imagínese el poder que tienen las palabras en las vidas de las personas. Es impresionante cómo estas pueden hundir a un cliente a la fosa más profunda o elevar a una persona hasta sentir que ha alcanzado la gloria. Estas palabras pueden crear amor, alegría, dicha, esperanza, optimismo, o por el contrario, tristeza, decepción, depresión, pesimismo, falta de confianza en sí mismo y la lista sigue.

Por eso, según como utilizamos las palabras podemos esclavizarnos o esclavizar a otros. Liberarnos o liberar a otros. Imaginemos el efecto de las palabras del hombre machista que repetidas veces le dice a su mujer: "Eres mía. Harás lo que yo te digo. Tú no piensas". Desde ese preciso momento está condenando a la pobre mujer para que ella sea su objeto y viva sometida ¿Cómo se sentirá esta mujer? Desvalorada, insignificante, amarrada emocional-mente. En cambio, el marido que dice. "Tú eres mi compañera de vida y sé que juntos tomaremos las mejores decisiones". Estas palabras implican libertad, confianza en la otra persona, consideración y por ende amor.

Las palabras son tan poderosas que una sola palabra puede cambiar una vida o millones de personas. Hitler, dictador nazi y xenófobo, a través de la palabra manipuló a un país entero hasta ocasionar una guerra mundial. Convenció a otros para que abusaran de los judíos, los mataran, torturaran y vivieran en los campos de concentración bajo las condiciones más deplorables. Activó el miedo. Sus palabras, basadas en creencias y acuerdos generados por este miedo, serán recordadas durante siglos. Unas de sus frases famosas nos revelan el poder de esas palabras en la vida de millones de personas que las recibieron.

"Para poder continuar subsistiendo como un parásito dentro de la nación, el judío necesita consagrarse a la tarea de negar su propia naturaleza intima".

"Con humanidad y democracia nunca han sido liberados los pueblos".

"Mañana muchos maldecirán mi nombre".

Cualquier opinión que brindamos o recibimos afecta a la otra persona. Las palabras son como semillas. Un buen Coach valora que clase de semilla es fértil para la mente de Coachee.

Teniendo en cuenta el gran poder que tienen las palabras, comprenderemos el poder que emana nuestra boca. Si plantamos dudas o miedos en nuestra mente, se creará una serie de acontecimientos. Muestra de ello un ejemplo sencillo: Hace unas semanas una amiga me dijo que en una ciudad cerca de donde vivo actualmente había un alerta de tornado. Siendo que a los tornados les tengo un pavor tremendo originado por la película Twister del año 1996, por un momento sentí preocupación, ansiedad e innumerables imágenes de destrucción vinieron a mi mente. Pero, conociendo las técnicas del Coaching y PNL, fácilmente pude lograr el estado deseado que cualquier persona temerosa a los tornados desea tener: calma, control y certeza de que el evento no sucedería. ¿Observa usted el poder de lo que vemos, escuchamos y sentimos? Esa experiencia de esa película que vi hace varios años, llenó mi mente de información negativa y de falsas creencias que de una u otra forma generaron estados de ansiedad y gasto de energía innecesarios.

Todos los seres humanos nos vemos afectados por las opiniones emitidas por otras personas como cuando nuestros padres, hermanos, familiares expresan sus opiniones, obviamente por la influencia que ejercen en nuestras vidas creemos en sus comentarios provocando miedo e inseguridades en nuestras vidas. Recuerde algún evento en su infancia que haya marcado su vida. ¿Qué tal en la vida del Coachee? A través de las sesiones, el Coachee irá descubriendo poco a poco cómo esos comentarios afectaron positivamente o negativamente su vida y cómo esos comentarios crearon sus creencias actuales y las continúa reforzando.

Siempre que escuchamos una opinión y la creemos, llegamos a un acuerdo que pasa a formar parte de nuestros sistemas de creencias. Por eso analicemos lo que les decimos a nuestros hijos. Es de sabios pensar dos veces antes de hablar. ¿Qué palabras les repito a diario? ¿Qué creencias poseen nuestros hijos? ¿Qué creencias poseemos nosotros? A veces es difícil romper esas creencias y una forma de hacerlo es llegando a un nuevo acuerdo que se basa en la verdad, en nuestros valores.

¡Lo bueno de las creencias es que se pueden cambiar! Si, aunque usted querido lector no lo crea. Seguramente se pregunte cómo es posible eso. De la manera más efectiva y es a través del Coaching y la PNL. La mayoría de las creencias se manejan a nivel subconsciente lo cual representan el 95% y el 5% de la mente es consciente. Es decir, que hay que saber trabajar la mente subconsciente.

Escriba una lista de 10 creencias potenciadoras como limitantes que poseas. Una vez identificadas escriba "P" si es una creencia potenciadora o una "L" si es una creencia limitante.

1.
2.
3.
4.
5.
6.
7.
8.
9.
10.

Instalación de nuevas creencias.

Con este ejercicio serás capaz de enterrar las creencias limitantes e instalar nuevas creencias. A continuación presento un ejemplo para que sea su guía en esta parte del ejercicio.

Parte I

Paso 1
Creencia limitante en forma clara y sencilla:

31

El dinero se logra solamente cuando se trabaja duro.

Paso 2
Diálogo interno
- Ganar dinero sin esfuerzo no está bien visto.
- Yo no merezco ganar dinero fácilmente.

Paso 3
Miedo que refuerza la creencia.
Si yo gano dinero sin esfuerzo, soy una persona corrupta y una persona avara como esas personas ricas y perezosas.

Paso 4
Alimentación/ origen de la creencia
Mi amigo José se comporta así y yo no quiero ser como él.

Parte II

Creencia limitada
El dinero se logra solamente cuando se trabaja duro.

¿Cómo hago esa creencia limitante y fuerte?
Si continúo interactuando en la realidad basándome en esta suposición, estaré trabajando mucho a cambio de muy poco dinero el resto de mi vida.

¿Cómo convierto mi creencia limitante en una idea ridícula y absurda?
No hay nada de malo en ganar dinero, lo único malo es convertirse en una persona diferente y avara a causa del dinero.

Parte III

Nueva creencia potenciadora que reemplaza la limitante
Creencia Limitante: El dinero se logra solamente cuando se trabaja duro.
Creencia Potenciadora: Ganar dinero sin esfuerzo es la mejor forma de vivir.

Diálogo interno
Ganar dinero sin esfuerzo me da más tiempo para enfocarme en las cosas importantes de la vida, como mi familia, en lugar de ocupar todo el tiempo preocupándome de ir sobreviviendo día tras día.

¿De dónde obtendrá el poder tu nueva creencia?
Ganar dinero fácilmente no me hace una persona diferente, a menos que yo lo permita. Yo puedo utilizar el dinero para lograr un gran cambio en mi vida y en la vida de los demás.

Tiempo para que se instale esa nueva creencia
30-40 días

Preguntas poderosas

La intención de las preguntas poderosas es guiar a las personas a reflexionar y a replantear la situación que les incomoda para que ellos puedan encontrar las respuestas.

En esta sección del libro se deleitará leyendo esas preguntas que lo llevarán a conocer un mundo de posibilidades. Cesar Piqueras, Coach Ejecutivo y CEO de Excelitas Global lo envolverá en la magia de las preguntas poderosas las cuales tienen la gran peculiaridad que no puede dejar de responder.

Preguntas que invitan al Coachee a decidir sus objetivos

* ¿Qué te gustaría hacer para disminuir tu estrés?
* ¿Cuáles son tus objetivos?
* ¿Qué metas te has planteado en relación a tu estado actual?
* ¿Qué quieres?

Preguntas que invitan a visualizar el futuro

* ¿Cómo te ves en esa situación de estrés?

- ¿Cómo te gustaría ser?
- Si pudieras proyectarte hacia el futuro ¿Cómo te gustaría verte?
- Imagina el futuro ideal de esta relación ¿Cómo te gustaría que fuera?

Preguntas que crean posibilidades

- ¿Qué pasaría si pudieras vivir sin estrés?
- ¿Qué pasaría si no hubiera límites?
- ¿Cómo sería el futuro si tu empresa innovara tanto como tú quieres?
- ¿Cómo sería todo si este conflicto no estuviera presente?
- ¿Con qué recursos te gustaría contar?

Preguntas que sacan a la luz las limitaciones

- ¿Qué te lo impide?
- ¿Qué se está interponiendo en tu camino?
- ¿Qué limitaciones encuentras?

Preguntas que profundizan en los sentimientos y emociones

- ¿Cómo te sientes ante esa situación?
- ¿Cómo te hace sentir este conflicto?
- ¿Qué sientes cuando piensas en ello?
- ¿Qué emociones hay dentro de ti cuando hablas de esto?

Preguntas que dan la responsabilidad al Coachee

- ¿Qué resultados quieres conseguir hoy?
- ¿Qué vas a hacer?
- ¿En qué medida estás comprometido con esto?
- ¿Cómo te gustaría terminar esta sesión?

Preguntas que nos hablan de próximas acciones

- ¿Cuál es el próximo paso?
- ¿Qué acciones te ayudarían a conseguir tu objetivo?
- ¿Qué pequeño paso sería importante dar?
- ¿Qué vas a hacer de aquí a la próxima sesión?

Preguntas que nos hablan de distintas opciones

- ¿Qué opciones tienes?
- ¿Qué alternativas hay?
- ¿Qué distintos escenarios te puedes encontrar?
- ¿Qué formas tienes de abordar este asunto?

Preguntas que nos hablan del plan de acción

- ¿Qué acciones habría que incluir en el plan?
- ¿Qué pasos serán necesarios para conseguir su objetivo?
- ¿Cuáles serán los principales hitos en el camino?

Preguntas evocan a escenarios ideales

- ¿Cuál sería el mejor resultado?
- ¿Cuál sería el resultado ideal?
- En última instancia ¿Qué te gustaría conseguir?
- Imagina que han pasado un par de años, todo ha salido como querías y nos volvemos a encontrar ¿Qué has hecho para conseguirlo?

Preguntas sobre éxitos pasados

- ¿Cuál fue tu comportamiento en una situación similar en la que tuviste éxito?
- En alguna situación similar a la actual en el pasado ¿Cómo conseguiste salir con éxito?

- Aunque sea en diferente contexto, ¿Cuándo tuviste la fuerza de voluntad necesaria para superar un asunto similar?

Preguntas que añaden metáforas útiles

- Escuchándote tengo la sensación de que tienes una pesada carga a la espalda ¿Cómo sería si en su lugar tuvieras unas estupendas alas?
- Tengo la impresión de que estás metido en una ciénaga con el barro hasta las cejas ¿Cómo sería si pudieras nadar en un mar abierto y cristalino?

Preguntas que invitan a cambiar de perspectiva

- ¿Cómo solucionaría una persona en la que confías este asunto?
- ¿Qué consejo te darías a ti mismo?
- Si esto le estuviera ocurriendo a uno de tus hijos en el futuro ¿Qué consejo le darías?
- Si vieras esta situación y la trataras con más sentido del humor ¿Qué solución le darías?
- Imagina que eres un vendedor muy exitoso ¿Qué harías en esta situación?

Preguntas para desestructurar la forma de pensar del cliente

- ¿A qué obedece este comportamiento tuyo?
- ¿Cuál es el denominador común de los últimos conflictos que has vivido?
- ¿De qué forma todo lo que me estás diciendo hoy comparte cierta similitud?
- Cuando dices esto ¿Qué fuerza interior tuya está actuando?
- ¿Qué parte de ti no estás teniendo en cuenta?

Preguntas que invitan a elegir

- ¿Qué opción de las tres prefieres?
- ¿Qué camino vas a tomar, el A o el B?
- Entre resolver el conflicto, aceptarlo o resignarte, ¿qué prefieres?
- ¿Vas a reaccionar de forma inmediata o prefieres esperar?

Preguntas que ayudan a iniciar una sesión

- ¿Qué tal te encuentras?
- ¿Qué quieres trabajar hoy?
- ¿Qué te gustaría hacer hoy?
- ¿De qué te gustaría que hablásemos?
- ¿En qué podemos trabajar juntos?
- ¿Cuál es el resultado que te gustaría obtener de esta sesión?
- ¿Cómo puedo ayudarte?
- ¿Qué quieres conseguir en esta sesión?
- ¿Qué esperas hoy de mí?

Preguntas para profundizar en la experiencia

- ¿Cómo te sientes cuando eso ocurre?
- ¿Qué hiciste para que eso ocurriera?
- ¿Qué consecuencias tuvo?
- ¿Qué factores habían en esa situación?
- ¿Qué es para ti…?
- ¿Qué sientes al enfrentarse a una situación como esta?

Preguntas que ayudan a tomar conciencia

- ¿De qué te das cuenta?
- ¿De qué eres consciente ahora?
- ¿Qué has aprendido?

La Salud: Tesoro invaluable

Hay una realidad mundial que no se puede desmentir, y es que en todos los países del mundo gastan millones de dólares en la salud de sus ciudadanos. Se ha demostrado que la mejor solución es la prevención. De ahí que miles de campañas se han originado y se llevan a cabo en todos los países para concientizar a la población sobre la prevención de enfermedades que atacan a las personas sin importar raza, sexo, religión y nivel socioeconómico.

Conociendo que el estrés es un detonante de muchas enfermedades y con las herramientas que el Coaching brinda se puede decir fehacientemente que por medio del Coaching se ayuda a la salud de los individuos. Esta aseveración la confirma la encuesta de opinión que se aplicó a los 70 participantes, de los cuales el 100% consideró que el estrés es un factor de riesgo en la salud de las personas (Ver anexo).

Pero, empecemos por lo básico. ¿Qué es la salud?

Según la Organización Mundial de la Salud, "La salud es un estado de completo bienestar físico, mental y social, y no solamente la ausencia de afecciones o enfermedades". Esto significa que para lograr dicho bienestar deben integrarse una serie de factores que lo componen, que comúnmente conocemos como medio ambiente, el trabajo, las relaciones interpersonales, entre otros. Pero, ¿cómo afecta la salud nuestro estado emocional? ¿Cuáles son las repercusiones físicas y mentales ante la carencia de salud? En el libro *Inteligencia Emocional* de Daniel Goleman, el autor da a conocer el hallazgo realizado por el psicólogo Robert Ader, quien descubrió que hay diversas vías de comunicación existentes entre el sistema nervioso y el sistema inmunológico. Siendo así, se infiere que hay una correlación recíproca entre la salud del individuo y su estado emocional.

Como probablemente el lector sabrá, cada vez más médicos aceptan que las emociones inciden directamente en el desarrollo de las enfermedades. En nuestros tiempos, una gran mayoría de médicos se interesan por conocer sobre el nivel de estrés que el paciente padece, incluso ordenan exámenes de sangre para medir el nivel de cortisol, una hormona esteroidea (glucocorticoide) producida por la glándula suprarrenal que indica, entre otras cosas, la respuesta al estrés. Por ejemplo, en algunos pacientes la presión sanguínea puede elevarse debido al estrés, o durante una cirugía las venas se dilatan más por la presión sanguínea ocasionando hasta la muerte.

Por otra parte, según Goleman, "…las personas que sufren de ansiedad crónica, largos episodios de melancolía y pesimismo, tensión excesiva, irritación constante, escepticismo y desconfianza extrema, son doblemente propensas a contraer enfermedades como el asma, la artritis, la jaqueca, la úlcera péptica y las enfermedades cardíacas (cada una de las cuales engloba un amplio abanico de dolencias)". En pocas palabras, las emociones negativas afectan directamente la salud del individuo y miles de pacientes no están enterados de este hecho, o peor aún, no saben cómo controlarlo.

Relación del Coaching y la salud

Partiendo de la premisa de que la salud es esencial en la vida de todo ser humano, que es una búsqueda constante y a veces difícil de adquirir, especialmente si partimos del hecho de que las emociones incrementan las enfermedades o estamos más proclives a ellas; los invito a conocer un poco más cómo el Coaching y la salud se relacionan.

Teniendo en cuenta que el Coaching es una herramienta que nos ayuda a movernos del punto A al punto B, podríamos considerar el siguiente ejemplo. Estado actual (punto A): "Estoy enfermo debido al estrés". El estado deseado (punto B), sería: "Deseo estar libre de estrés para obtener bienestar físico y mental". El Coaching tiene la bondad de permitir que las personas logren sus objetivos ya que partimos del punto de que el Coachee posee todos los recursos necesarios para sobre pasar la situación acuciante.

Por ejemplo, si el Coachee se presenta ante un Coach porque necesita ayuda, éste hace una evaluación general de los distintos aspectos de su vida (véase Eneagrama del estrés en el siguiente capítulo), aparte de considerar el motivo "real" de la visita del cliente. Si se determina que su situación actual está afectando la salud del cliente se pudiesen fijar metas para mejorar dicho estado de salud. Estas metas serán establecidas por el Coachee con la ayuda del Coach.

Recordemos que el Coach no da consejos ni sugerencias. Las respuestas e ideas surgen del Coachee a través de las preguntas poderosas que el Coach efectúa. Estas preguntas poderosas pueden encaminar al Coachee a tomar ciertas acciones que le permitan alcanzar su cometido con esa energía innata que todos poseemos.

Considerando el valioso aporte de Talane Miedaner en su libro *Coaching para el Éxito*, "...el Coaching te enseñará a eliminar los elementos que consumen tu energía y a conseguir los que te la proporcionan. Cuanta más energía tengas, más potente y fuerte serás. Las personas llenas de energía y vitalidad, que hacen lo que aman, se realizan plenamente y tienen éxito en lo emprenden". Pero para poder lograr esos sueños y estar llenos de energía necesitamos ese elemento valiosísimo que todos deseamos como lo es la salud.

Es innegable y está comprobada suficientemente la importancia de desarrollar buenos hábitos para la salud. Los hábitos dicen mucho de quiénes somos, qué hacemos y qué tenemos en nuestras vidas "Los hábitos son todo aquello que hacemos cuando no pensamos en lo que hacemos"[1]. Teniendo esta definición como punto de partida, sería interesante que el Coachee sea capaz de crear buenos hábitos que mejoren su salud física y emocional. Hacer una lista de buenos hábitos no será suficiente, se requiere que se lleven a cabo. El Coach guiará a su Coachee a lograr estos hábitos esenciales para la adquisición de nuevas perspectivas y forma de ser. Lo primordial entonces es eliminar los malos hábitos y cambiarlos por hábitos que le aporten mayor energía. Solamente con el deseo real y convicción por parte del cliente y la guía adecuada del Coach esto será factible de lograr.

Me gustaría compartir con el lector los 10 hábitos que trato de practicar en mi vida diaria y que me han ayudado a la disminución del estrés y por ende a mantenerme saludable física y mentalmente.

1. Orar. Siendo una persona con una firme creencia en Dios y que toda la energía positiva proviene de Él, inicio mi vida agradeciéndole y activando pensamientos de abundancia. Con esos minutos de oración, preparo mi mente y mi cuerpo a recibir el día con optimismo.
2. Meditar. Para mi meditar es tener un momento a solas, un momento de paz donde "trato" de no pensar y solamente sentir la paz y la calma que este momento brinda.
3. Dar abrazos. Se dice que necesitamos abrazar y ser abrazados. Necesitamos dar y recibir afecto. Es increíble la energía positiva que se siente y se emana cuando se lleva a cabo con verdadero cariño y gentileza.
4. Comunicarme con mis seres queridos. Las personas que nos aman son una fuente apreciable de energía. La familia y los amigos son indispensables en la vida de todo ser humano.
5. Hacer ejercicios. Yoga y algún tipo de ejercicios cardiopulmonares.
6. Pensar positivamente. Elimino cualquier creencia que me robe mi energía y por ende, que me provoque pensamientos negativos. Repito constantemente frases que me empoderan y que están alineadas con mis valores.

7. Reír más. Los niños nos hacen reír por eso disfruto tanto de mi hijo y la compañía de sus amigos. También me encanta estar con gente ocurrente, divertida y que contagie con su alegría para también sentirme de esa manera.

8. Tener un pasatiempo. ¿Ha tratado la jardinería? ¿Salir a caminar? ¿Pintar? ¿Escribir? ¿Zentangle? Esta última es una técnica de dibujo muy relajante. En lugar de darle vuelta a esos pensamientos negativos, utilizo esta técnica que me brinda otras formas creativas de pensar.

9. Poner en práctica nuevas creencias.

10. Repetir mi carta de empoderamiento. Adelante hay un ejemplo de dicha carta (Capítulo 3).

Capítulo 3

HACIENDO REALIDAD LA REDUCCIÓN DEL ESTRÉS MEDIANTE TÉCNICAS DEL COACHING

La enfermedad del siglo XXI

Según Wikipedia, "…el estrés (del del griego *stringere*, que significa apretar a través de su derivado en inglés *stress* que significa «*fatiga de material*»), es una reacción fisiológica del organismo en el que entran en juego diversos mecanismos de defensa para afrontar una situación que se percibe como amenazante o de demanda incrementada. El estrés es el modo de un cuerpo de reaccionar a un desafío… En los humanos, el estrés normalmente describe una condición negativa (*distrés*) o por lo contrario una condición positiva (*eustrés*)… El estrés, es un fenómeno que se presenta de manera positiva, creativa y afirmativa de acuerdo a la circunstancias lo cual le permite resolver de manera positiva las dificultades que se presentan en la vida".

Las probabilidades de poseer una opinión negativa sobre el estrés son altas. La forma en cómo se expresan las personas cuando se pronuncian sobre este término y los gestos que los acompañan lo dicen todo. Sin embargo, está comprobado que necesitamos el estrés para resolver los problemas o dificultades de manera creativa desarrollando así nuevas habilidades. Pero para efectos de este libro vamos a tratar el estrés partiendo de aquel evento o situación interna o externa que nos resta energía, que ocasiona confusiones en la vida del Coachee, desmotivación, pesimismo e incluso enfermedades.

Fases del estrés

Si las personas tuviéramos la capacidad de detectar las fases del estrés la historia sería otra. El cuerpo nos habla de diferentes maneras, pero por desconocimiento no somos capaces de prestar atención a lo que está tratando de decirnos.

La fase de alarma

Esta fase se caracteriza por la presencia de un agente estresor. El doctor Selye, Fisiólogo y Médico quien escribió *El Estrés, un estudio sobre la ansiedad,* explica que durante esta etapa aparecen los siguientes síntomas: respiración entrecortada y acelerada, aumento del ritmo cardiaco, aumento de la presión arterial, sensación de tener un nudo en la garganta o en el estomago, ansiedad y angustia. Estas reacciones son provocadas por la secreción de hormonas como la adrenalina que surte efecto después de unos minutos y cuya función es la de preparar al cuerpo para una acción rápida.

La fase de resistencia: La adaptación.

El objetivo de esta fase es lograr la adaptación al estrés. Cada individuo reacciona diferente ante el mismo agente estresor por ello algunas personas poseen la capacidad de prepararse ante el estrés, otros siguen su vida sin preocuparse por solucionar o cambiar ese estado y otros tratan de evitar las situaciones que generen estrés. En esta etapa se trata de impedir que el organismo se agote por eso compensan los gastos de energía ocasionados por el estado de estrés. El organismo secreta hormonas que elevan la glucosa al nivel que el organismo necesita para el buen funcionamiento del corazón, del cerebro y de los músculos.

La fase de agotamiento

Cuando el organismo no es capaz de resistir el estado de estrés, la fase de alarma se prolonga disminuyendo así su capacidad de respuesta llegando la persona a la fase de agotamiento. ¿Ha estado usted bajo un cuadro constante y severo de estrés? Seguramente su organismo perdió la capacidad de respuesta y se agotó sintiéndose incapaz de afrontar las agresiones. En esta etapa el organismo pierde su capacidad de activación por lo tanto la persona se siente fatigada, con ansiedad y depresión.

Técnicas del Coaching para disminuir el estrés y fortalecer la salud.

En esta sección veremos cómo las técnicas del Coaching pueden ayudar al Coachee o a usted estimado lector, a eliminar, disminuir o controlar su nivel d estrés Estas técnicas tienen la peculiaridad de mostrar al cliente: Por un lado, el nivel de satisfacción actual que posee llevándolo de esta manera a una conciencia, la cual es indispensable para llevar a cabo los cambios necesarios. Por otro lado, que dichas técnicas permiten que la persona incremente su nivel de autoconsciencia, autoconocimiento y perseve-rancia. Por eso creemos firmemente que con la constancia y la disciplina el Coachee logrará sus cometidos. Tal y como mencioné en la introducción, estas y otras técnicas sugeridas más adelante, han sido probadas con éxito y están a la disposición del lector.

Eneagrama de Identificación de Estrés

El objetivo de la técnica: Identificar el nivel de estrés en las diversas áreas de la vida del Coachee y buscar una solución que satisfaga las necesidades del cliente. En este caso, reducir el estrés.

Resultado: El Coachee obtendrá un panorama más real de su situación actual de estrés en cada área a través de los resultados obtenidos en dicho eneagrama.

Aplicación: Diálogo directo con el Coachee. La gráfica es elaborada por el cliente.

Procedimiento: Con esta técnica el Coach y Coachee identificarán el nivel de estrés que este último manifiesta en las diferentes áreas de su vida. El Coach mostrará el siguiente Eneagrama, en donde el Coachee tomará como punto de partida el centro de la rueda trazando hacia afuera una línea recta considerando el centro del circulo como el nivel cero, lo que significa -en este caso- que su nivel de estrés es nulo o bajo. Entre más se acerca la línea hacia afuera, más alto es el nivel de estrés en este sector de la vida del cliente. Los puntajes del 1 al 6 significarán puntajes donde se debe poner mayor atención, es decir, son las áreas que le están ocasionando más estrés al cliente.

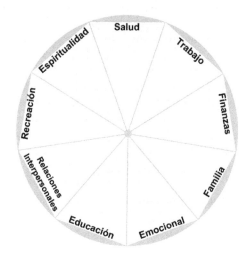

Eneagrama aplicado al estrés

Una vez identificados los niveles de estrés en cada área, el Coach corroborará con el Coachee los niveles de estrés que posee. La honestidad juega un papel muy importante para poder guiar al Coachee a la reducción de su nivel de estrés.

Matriz FODA

Objetivo: El principal objetivo de esta matriz FODA (fortalezas, debilidades, oportunidades y amenazas) es que el Coachee reconozca las fortalezas de cada área de su vida, como también las debilidades que posee debido a los agentes estresores. El Coachee definirá las oportunidades por cada debilidad detectada.

Resultado: Detectar las oportunidades que posee para elaborar un Plan de Realización Personal (PPR).

Aplicación: Presentar un cuadro de la matriz FODA. El Coachee anotará en cada área de su vida el puntaje obtenido de acuerdo a los resultados que arroje el eneagrama. Seguidamente el Coachee escribirá las fortalezas, debilidades y oportunidades que posee en cada una de ellas. Cabe mencionar que en el Coaching las amenazas no se toman en cuenta y las oportunidades básicamente serían las herramientas con las que él contará para tomar acción. Una vez identificados estos tres elementos, el Coachee tendrá un panorama más claro de la situación actual en cuanto al nivel de estrés en su vida y las oportunidades que posee para disminuir el nivel de estrés. El siguiente es un ejemplo de la matriz FODA.

Área	Puntaje de Eneagrama	Fortalezas	Debilidades	Oportunidades
Trabajo	5	Conocimiento. Experiencia. Liderazgo.	Débiles relaciones sociales. Desfavorable horario. Remuneración inadecuada.	Relaciones sociales. Negociar horario. Aumento de salario.
Salud	6	Conocimiento básico. Chequeos de salud. Agente promotor de salud.	Presión alta. Migraña. Obesidad.	Hacer ejercicio. Programa de relajación. Hacer una dieta.
Finanzas	3	Ingresos aceptables. Administración compartida. Posee activos.	Tiene deudas. No planifica el presupuesto. No controla gastos.	Hábitos de ahorro. Planificar el presupuesto. Aprender sobre finanzas.
Familia	9	Excelentes relaciones. Comprensión. Unidad.	Debilidad en la distribución de roles.	Distribución de roles.
Emocional	9	Estable. Paciente. Sincera	Impulsiva.	Ser más controlada.

Área	Puntaje de Eneagrama	Fortalezas	Debilidades	Oportunidades
Educación	6	Aprendo rápido. Motivación. Disciplina.	Falta de interés. Falta de sistematicidad	Aumentar el interés. Ser más sistemática. Actualizar conocimientos.
Relaciones Interpersonales	6	Amable. Comunicativo. Cooperativo.	Tímido. Desconfiado. Apático.	Abierto espontáneo. Ser confiado. Integración al grupo.
Recreación	7	Compartidor. Alegre. Creativo.	Baja recreación en familia. Gustos diversos y opuestos. Poco tiempo.	Planificación en familia.
Espiritualidad	8	Creer en Dios. Ayudar a otros.	Falta de bondad.	Tener bondad.

Matriz FODA

Carta de Empoderamiento

Objetivo: Elaborar una carta que le permita al Coachee empoderar las decisiones que ha tomado en las diversas áreas de su vida, las cuales provienen de las oportunidades detectadas en la matriz FODA.

Resultado: El Coachee estará consciente de los cambios que necesita llevar a cabo en su vida para disminuir su nivel de estrés.

Aplicación: Esta carta proviene de los resultados obtenidos en la matriz FODA. El Coachee tomará en cuenta las oportunidades que posee en cada área para elaborar su carta. La carta se lee a diario hasta que se observe un cambio en la conducta de la persona. Generalmente después de 21 días consecutivos haciendo una misma actividad se crea el hábito deseado. Para que esta técnica surta el efecto esperado se recomienda la ejecución y el fiel compromiso por parte del cliente.

En este caso, la carta de empoderamiento quedará redactada de la siguiente manera:

Soy una persona que necesita mejorar las relaciones interpersonales, negociar el tiempo y aumentar mi salario. También requiero relajarme, hacer ejercicios y dieta. Deseo ser menos consumista y asesorarme en finanzas, distribuir roles, ser más controlada, ser interesada, sistemática, abierta, espontánea, confiada, integrada, planificada, bondadosa y actualizada.

Programa de Realización Personal (PRP)

Objetivo: Que el Coachee tenga una herramienta práctica donde pueda visualizar las metas propuestas por él mismo y la forma de cómo llevarlas a cabo.

Resultado: La elaboración del Programa de Realización Personal permitirá al Coachee conquistar sus metas.

Aplicación: El Coachee considerará las oportunidades de su Matriz FODA las cuales se convertirán en sus metas. Para ello será capaz de definir cuáles son las metas que necesita trabajar a corto plazo. Posteriormente, el Programa de Realización Personal se extenderá tanto a las metas de mediano como a largo plazo. Una vez definidas las metas que quiere alcanzar a corto plazo, el Coachee utilizará un formato similar al que se presenta abajo donde llenará las casillas correspondientes en cuanto a lo qué va a hacer, cómo lo va a hacer, cuándo lo va hacer, con quién y el costo que implica mejorar su nivel de estrés. El costo puede implicar tanto la parte financiera, tiempo u otro recurso que el considere pertinente. Una vez definido el Plan de Realización Personal, se llevará a cabo el respectivo monitoreo en las futuras sesiones.

El siguiente es un ejemplo del Programa de Realización Personal de un cliente al cual llamaremos Juan Pérez. Juan Pérez escoge las siguientes metas a corto plazo provenientes de sus oportunidades: Mejorar relaciones laborales, alcanzar una vida saludable y lograr una planificación eficiente de las finanzas.

Meta	¿Cómo? (Actividades)	¿Cuándo? (Tiempo)	¿Con quién?	Costo
1. Mejorar las relaciones laborales.	a.Curso de relaciones. b.Trabajo en equipo c.Actividades extralaborales	a.Semestralmente b.A partir de hoy/ diariamente. c.Una vez al mes	a.Solo o con otros compañeros de trabajo. b.Con los compañeros. c.Con el colectivo.	a.$300 b.Tiempo y disciplina. c.Tiempo y voluntad 50/mensuales.
2. Alcanzar una vida saludable.	a.Hacer ejercicio. b.Alimentación sana. c.Meditación y relajación.	a.3 veces a la semana. b.Diariamente c.Diariamente	a.Solo o con mi pareja. b.Con mi familia. c.Sola o en pareja.	a.$50.00/mensual, movilización esfuerzo y tiempo. b.$100 mensual. c.Tiempo, disciplina.
3. Lograr una planificación eficiente de las finanzas.	a.Curso básico de finanzas. b.Diagnóstico de necesidades y planificación de consumo. c.Cuenta de ahorro familiar.	a. A partir de hoy y según el tiempo del curso. b.Una vez al mes. c.A partir de hoy.	En familia.	a.$500 tiempo y esfuerzo. b.Tiempo y esfuerzo. c.$50 mensual.
				$ 2,220

Ejemplo del Programa de realización personal.

Otras técnicas (prácticas y cortas)

A continuación ofrezco algunas técnicas prácticas y cortas en su ejecución presentadas por el Coach Antonio Gutiérrez de TISOC (The International School of Coaching), las cuales planteo con un grado de modificación ya que considero que las preguntas poderosas en cada ejercicio son fundamentales para lograr el impacto requerido en la vida del Coachee. Refiérase al Capítulo 2 que trata sobre las herramientas para el manejo del estrés, donde hay un amplio abanico de preguntas que se pueden adaptar a cualquier tipo de situación que el cliente este tratando de solventar. Recuerde, la intención de estas preguntas es guiar a las personas a reflexionar y a replantear la situación que les incomoda para que ellos puedan encontrar las respuestas.

Cambiando el *Chip* del Coachee

Esta técnica se puede aplicar a ciertos clientes y funcionará dependiendo el nivel de estrés que padece y de la capacidad de cambiar sus creencias y ajustarse a los cambios. De ahí la importancia de conocer, entender y ponerse en los zapatos del Coachee para saber la efectividad o no de ésta u otras técnicas. Es decir, la calibración juega, como siempre un papel fundamental.

Cómo mencioné anteriormente, la mayoría de los seres humanos tienen la creencia de que el estrés es completamente malo, llegándose a estresar aun más cuando se ven, escuchan y se sienten estresados. Veamos la parte positiva del estrés, la cual es la respuesta que nos está dando el cuerpo cuando lo estamos sometiendo bajo demasiada presión o a algún cambio que no se pueda manejar. Pidamos al cliente que repita esta frase: "El estrés también es positivo. Es una respuesta que mi cuerpo me está brindando y debo reconocer su raíz".

La magia de las preguntas poderosas hará su efecto en este momento. Sugiero que se tomen en consideración las siguientes preguntas:

- ¿Qué te está diciendo tu cuerpo en este momento?
- ¿Qué puedes hacer para convertir el "estrés negativo" a un "estrés positivo"?
- ¿Qué puedes hacer para no tener estrés?
- De estas posibilidades ¿cuál es la más viable?
- ¿Qué paso darás primero?
- ¿Qué paso darás después?
- ¿Qué harás de último?

51

Toma de conciencia

La toma de conciencia es otra técnica que puede aplicarse durante el Coaching, a través de un corto ejercicio físico. Se le pide al Coachee que se ponga de pie y que toque las puntas de sus pies sin doblar las rodillas.

Seguidamente se le pregunta:

- ¿Qué te hace pensar este ejercicio?
- ¿Cómo relacionas este ejercicio con el estrés?
- ¿Qué analogía de tu vida puedes hacer con este ejercicio?

La idea de este ejercicio es que el Coachee tome conciencia de que muchas veces sometemos a nuestro cuerpo a demasiadas presiones para las cuales no está preparado.

Detecta las señales

Esta es otra técnica sencilla que consiste en mostrarle al Coachee tres tarjetas con las siguientes imágenes: Un semáforo, una señal de "alto" o "pare" y El Pensador de Rodin. Seguidamente elaboramos las siguientes preguntas por cada tarjeta.

- ¿Qué te hace pensar el semáforo en relación a tu vida actual?
- ¿Qué te dicen los colores verde, amarillo y rojo de este semáforo?
- ¿Qué señal de brinda tu cuerpo viendo cada color del semáforo?
- ¿Qué representa para ti la señal de "pare"?
- ¿Qué propones parar en tu vida en este momento?
- ¿Qué harás para parar esa situación, pensamiento o sentimiento en tu vida?

- ¿Qué beneficios le traerá a tu vida el hacer un alto a esa situación?
- ¿Cuando ves al Pensador de Rodin, qué crees que él está pensando?
- Piensa en tus seres queridos ahora, en esas personas que te han acompañado en todo momento. ¿Qué otro pensamiento evoca esa imagen?

Redactar carta a los colores del semáforo

Esta podría ser una técnica que se maneje también como una asignación. Se le pedirá al Coachee que escriba una carta, poema e incluso un acrónimo a cada color. En este escrito el Coachee le manifestará su sentir a ese color y le dirá cuándo y cómo se siente de esa manera. Al final pedirá perdón (especialmente al color amarillo y rojo) y agradecerá al color verde. A la vez, escribirá más de un compromiso el cual llevará a cabo y se monitoreará junto con la ayuda del Coach.

Cabe recordar nuevamente que estas técnicas requieren no solo del deseo que impulse la ejecución de las mismas, sino también requiere del compromiso absoluto por parte del Coachee.

Es oportuno mencionar que del 100% de los encuestados, el 93% considera que la salud puede mejorar si aplicamos las técnicas del Coaching y el 7% no lo considera de esta manera, probablemente debido a la falta de información sobre lo que implica esta profesión (ver anexo). Sin embargo, sabemos que la conducta humana es bastante predecible y que por tener salud llegamos a invertir grandes recursos. Ciertamente el Coaching es una herramienta de gran utilidad y con gran efectividad para la mejoría de la salud. Sigamos pues aprendiendo sobre cómo el Coaching puede reducir el estrés en su vida.

Capítulo 4

REDUCIENDO EL ESTRÉS Y GANANDO SALUD: "UNA ESTRATEGIA AL ALCANCE DE TODOS"

Inteligencia Financiera

Partiendo de la premisa de que el ser humano es un ser integral y que al existir aspectos en su vida que al no estar completamente satisfechos pueden generar estrés, no podemos obviar el tema de las finanzas en la vida del Coachee. Es por ello que hago referencia al gran aporte del libro *Padre Rico, Padre Pobre* de Robert Kiyosaki.

Una de las tantas lecciones que el autor del libro nos brinda en su obra es aprender a hacer dinero. Dicho autor señala que gran porcentaje de la población vive atrapado a lo que él llama "la carrera de la rata", lo cual significa que cada día nos despertamos, vamos al trabajo, cumplimos las labores encomendadas, regresamos a casa y al día siguiente sucede lo mismo con el objetivo de obtener el respectivo pago quincenal para pagar las deudas que hemos adquirido. La mayoría de las personas no son capaces de salir de ese círculo vicioso por miedo y por costumbre. Tomar conciencia de este hecho nos ayudará a entender la percepción del cliente ante las finanzas.

Es verídico que la gran mayoría de la población no ha desarrollado la inteligencia financiera para hacer que el dinero trabaje para ellos. Hay muchas creencias en medio del este tema del dinero. Una de ellas, tal y como menciona Robert Kiyosaki, es la creencia que tenemos de trabajar duro para vivir. Explica que en Estados Unidos trabajamos cinco meses al año para pagar los impuestos al gobierno. ¿Cantidad exorbitante, no? Esas conductas son llevadas a cabo por desconocer de contabilidad, finanzas y leyes fiscales que sin duda alguna, si las personas adquirieran dichos conocimientos su situación mejoraría. "El miedo es

55

lo que hace que la mayoría de la gente trabaje para conseguir dinero: el miedo a no poder pagar sus facturas; el miedo a ser despedidos; el miedo a no tener suficiente dinero y el miedo a empezar de nuevo"[2].

Consideremos el siguiente ejemplo. María es madre soltera, con tres hijos. Su ex marido no ha podido encontrar empleo en el último año por ende no aporta económicamente al hogar. María se ve obligada a buscar un segundo empleo que le permita tener más ingresos. Después de aplicar en varias posiciones la única oferta laboral es trabajar como mesera por las noches en un bar. María en su desesperación (léase miedo), acepta el trabajo ya que necesita darle de comer a sus hijas y pagar las deudas. El resto de la historia se la dejo a la imaginación del lector. Es precisamente ese miedo que posee nuestro cliente lo que está generando estrés en su vida y lo imposibilita a salir de la carrera de la rata.

Las emociones negativas generadas por la falta de un empleo y la poca posibilidad a un aumento salarial provocan miedo y es en base a ese miedo que se toman las decisiones las cuales no necesariamente son las más acertadas.

Debido a la crisis mundial en que vivimos, seguramente varios clientes traerán a la mesa sus problemas económicos porque están conscientes de ese hecho, otros, en cambio ya los consideran parte de su rutina diaria y han aprendido a lidiar con ellos. Ya no es tabú que este tema pueda causar cierto nivel de estrés en el cliente y por ende, las consecuencias nefastas que pueden acarrear en su vida. La oportunidad que le pueda brindar el Coach a su Coachee de entender los términos contables, financieros o fiscales seguramente logrará un gran cambio en la vida del cliente. Sí, hay que edificar estos temas a través de la participación en seminarios, clases online o presenciales y lecturas de libros que promuevan el aprendizaje y uso de los recursos financieros, contables y fiscales.

Que el Coachee cambie sus hábitos financieros para su propio beneficio será un gran desafío para muchos ya que las creencias que se han manejado sobre las finanzas, son creencias seguramente establecidas en la vida del cliente desde hace varios años, o quizás desde toda su vida.

Como buen Coach indagaremos si el cliente posee los conocimientos necesarios de términos financieros básicos para el buen manejo de sus finanzas. Es probable que la carencia de conocimiento sea la base de su problema actual en el campo de las finanzas. Explicar de forma sencilla al cliente los términos de activos, pasivos, estados financieros, balance general y flujo de efectivo, lo orientaran a tener una visión más clara de cómo manejar sus finanzas de manera inteligente. Un activo pone dinero en mi bolsillo, un pasivo saca dinero de el. El estado financiero o estado de pérdidas y ganancias miden el ingreso y el gasto, ósea el dinero que entra y que sale. Un balance general, compara los activos con los pasivos. El flujo de efectivo es lo que cuenta la historia acerca de cómo las personas manejan su dinero. Hay que evitar que otros nos quiten ese dinero, saber conservarlo por más tiempo. El gran reto es que el dinero trabaje para uno.

La base de la pobreza en las sociedades es debido a la carencia de cimientos financieros, quieren jugar a la segura aferrándose así su empleo. Kiyosaki recomienda que "...no es necesariamente que se deba renunciar al empleo que se posee, pero si hay que comenzar a comprar activos, dejar de comprar pasivos o efectos personales que pierden su valor real cuanto los llevamos a casa. Hay que mantener gastos bajos, reducir los pasivos y con disciplina ir construyendo una base de activos sólidos".

Las clases de activos que como Coach podemos sugerir a nuestro cliente que adquieran son:

- Negocios que no exigen nuestra presencia.
- Acciones
- Bonos

- Bienes raíces que generen ingresos
- Pagares
- Regalías por concepto de propiedad intelectual (libros, música etc.)

Brindando la guía financiera por parte del Coach, el Coachee reducirá su nivel de estrés ocasionado por la falta de conocimiento sobre la materia, sus creencias referentes al dinero, o simplemente, mejorando los hábitos que actualmente posee y que lo están conduciendo a toma de decisiones incorrectas en cuanto a sus finanzas se refiere.

El problema de estrés en esta área podría llegar a ser superado con un Plan de Acción en donde el Coachee definirá las metas claras que desea alcanzar en el área financiera. Además, responderá las siguientes preguntas: ¿Cómo lo llevará a cabo? ¿Cuándo lo harán? ¿Cuáles son los recursos necesarios para alcanzar sus metas? Para profundizar en esta técnica, véase el Capítulo 3, sección Técnicas del Coaching para disminuir el estrés y fortalecer la salud.

Adicionalmente, estoy segura que el nivel de estrés se verá reducido a través de preguntas poderosas planteadas al Coachee las cuales le permitirán tomar conciencia de su situación financiera actual. Algunas de esas preguntas poderosas sugeridas por mi persona son:

- ¿Qué parte de sus finanzas le genera estrés?
- ¿Qué propone para eliminar su estrés actual?
- ¿Qué metas se plantearías para mejorar su situación financiera?
- ¿Cómo se visualiza sin ese problema financiero?
- ¿Cómo visualiza su futuro en cuanto al tema financiero?
- ¿Con qué recursos cuentas para salir adelante ante esta situación que le genera estrés?

Por otro lado, se explicará a nuestros clientes sobre la importancia de incrementar el flujo de efectivo mensual. Para lograrlo es indispensable poseer una mente creativa en el aspecto financiero y reconocer las distintas opciones que puedan crear.

A continuación se presenta el cuadrante de flujo que dicho autor menciona y que será de gran utilidad ser considerado al momento del Coaching.

Cuadrante del flujo del dinero de Robert Kiyosaki

La mayoría de las personas están en el cuadrante E (Empleado) y A (Autoempleado). Las personas que se ubican en el cuadrante D (Dueños de negocios) están en una buena posición a volverse financieramente independientes. Los que se encuentran en el cuadrante I (Inversionista), por ende, ya han logrado esta independencia financiera. Hay que saber reconocer en cuál cuadrante el Coachee desea estar y de qué manera se puede mover a dicho cuadrante. A la vez, es indispensable la existencia de una consciencia transparente para reconocer si en su vida hay o habrá desventajas que puedan afectar su sistema.

Tal y como menciona Frank Luetticke, en su libro *Como Convertirse en Networker Profesional y Alcanzar la Libertad Financiera*, "La diferencia entre los cuadrantes no consiste solamente en la manera de cómo las personas obtienen sus ingresos, sino también de sus valores como personas".

Es de entender que las personas en los cuadrantes E y A generalmente buscan seguridad siendo en algunos casos ese valor más importante que un mayor ingreso. Los autoempleados no desean tener un jefe que le dicte qué hacer; quieren independencia de horarios. A veces se les ve como personas carente de confianza en los demás. En el cuadrante D se observan personas que le gusta estar con gente y delegar. Reconocen que para que el negocio funcione el sistema también funciona. Es por ello que el Network marketing ha logrado un gran apogeo hoy en día. En el cuadrante I, los inversionistas hacen que el dinero trabaje para ellos. Estos, al igual que los dueños de los negocios buscan la libertad financiera.

Luetticke recomienda la movilización del cuadrante E o A al D porque de esa manera se tiene la oportunidad de aprender a analizar un buen negocio y a conocer su liderazgo. Además, se requiere tiempo y experiencia para ser capaz de tener un buen flujo de efectivo para poder invertir inteligentemente.

Tomando en cuenta lo anterior, veamos lo que Robert Kiyosaki recomienda para generar flujo de efectivo:

1. Decir adiós al miedo. Perder inspira a los ganadores y a los perdedores los vence. El tener miedo nos limita la posibilidad de ganar. El perder inspira a los triunfadores. Todos somos capaces de triunfar. El triunfo dependerá del deseo y del conocimiento que se tenga.
2. El cinismo. Los cínicos critican y los ganadores analizan.
3. La pereza. Un poco de ambición es requerida para tener más flujo de efectivo.

4. Los malos hábitos. El ahorro es importante para hacernos de un "colchón" que permitirá futuras inversiones. Insisto, hay que romper malos hábitos relacionados con la carencia de conocimientos financieros, contables y fiscales.
5. La arrogancia. Cuando tenemos una actitud arrogante, en verdad llegamos a creer que lo que no sabemos no es importante. Recomiendo seguir con una educación continua, mantenerse informados y escuchar a los expertos para no pecar de arrogantes.

Antecedentes económicos y aterrizaje financiero

Cuando vemos en papel plasmada una meta u objetivo nos da una sensación de claridad y hasta cierto punto de control. Si a un Coachee su área financiera le está ocasionando estrés, probablemente requiera ver en papel dicha realidad para tomar las medidas necesarias. Muchos de los problemas que se tejen en las mentes de las personas son ilusiones y/o, fantasías. Es por ello que este tipo de ejercicios le permitirá ver su situación financiera tal y cual es para establecer metas, tomar decisiones necesarias y así superar cualquier conflicto o estrés que le está ocasionando.

Para conocer los antecedentes económicos, se determina el valor de la hora trabajada por parte del cliente en los últimos cinco años tomando en cuenta las siguientes indicaciones:

- Sumar las ganancias de los últimos 5 años
- Dividir el resultado obtenido entre 60 meses (Ganancia Promedio Mensual)
- Dividir la ganancia mensual entre 26 días (Ganancia diaria en días laborables)
- Dividir la ganancia diaria entre 8 horas (Ganancia por hora laborada)

En términos de fórmula serian de la siguiente manera:

- Ganancia anual x 5 años= Ganancia Total (GT)
- GT entre 60 meses= Ganancia mensual (GM)
- GM entre 26 días=Ganancia diaria (GD)
- GD entre 8 horas = Ganancia por hora (GH)

Por otro lado, con el aterrizaje financiero el Coachee determina los gastos mensuales que posee. Supongamos que el Coachee Juan Pérez posee los siguientes gastos mensuales:

GASTO MENSUAL	COSTO
Agua	30
Luz	40
Alimentación	400
Recreación	200
Combustible	200
Vivienda	800
Teléfono	50
Internet	50
Total	1,770

El Coachee multiplicará por 12 meses dicho total de gastos (1,770*12= 21,240) y agrega ese valor al Plan de Realización Personal. En este caso el valor total de Juan Pérez es de $ 2,220 al año (Ver capítulo 3). Por lo tanto dicho cliente tiene un gasto anual de $23,460. Una vez determinado dicho valor, se procede a dividir dicha cantidad entre 12 meses. Este resultado se divide entre 26 días laborables que tiene el mes y finalmente este resultado se divide en 8 horas que tiene el día quedando de esta manera:

23,460/12=1955
1955/26=75.19
75.19/8=9.39 la hora

Ahora vamos a suponer que haciendo el primer ejercicio y relacionándolo con los antecedentes económicos, el Coachee gana a la hora $10.00. Según el segundo ejercicio de aterrizaje financiero la hora del Coachee cuesta $9.39. ¿Qué le quieren decir estos números al Coachee? ¿Qué estrategia personal o familiar ejecutará para que dichos números cambien? ¿Es esa la situación en la que él desea estar el resto de su vida? ¿En qué gasta más y que podrá hacer para evitarlo? Hay un sin número de preguntas poderosas que se podrían aplicar a nuestro Coachee para que este tome más conciencia de su estado financiero y de esa manera romper paradigmas originando en su ser nuevas creencias que potencializan la vida financiera del cliente.

Inteligencia emocional

A lo largo del desarrollo del ser humano, el cerebro y las emociones han tenido roles sumamente importantes en las vidas de las personas. Según Daniel Goleman en su libro Inteligencia emocional, los seres humanos poseemos dos mentes, "…una mente que piensa y otra que siente…cuanto más intenso es el sentimiento, más dominante llega a ser la mente emocional y más ineficaz, en consecuencia, la mente racional". El efecto de la predominancia de la mente emocional es inefable.

El autor aclara cómo la evolución de esa parte del cerebro conocido como "…el sistema límbico ha favorecido para la toma de decisiones de manera más inteligente para la supervivencia. El neocórtex del Homo Sapiens, ha traído consigo todo lo que es característicamente humano. Nos permite tener sentimientos sobre el arte, la música, símbolos e imágenes". Además, nos explica como algunas funciones de algunas partes del cerebro no nos "favorecen". Por ejemplo, "el secuestro de la amígdala" el cual se lleva a cabo cuando perdemos la razón porque son las emociones las que dominan en ese momento.

Goleman en su obra afirma que "La amígdala asume el control cuando el cerebro pensante, el neocórtex, todavía no ha llegado a tomar ninguna decisión. Por lo tanto, el funcionamiento de la amígdala y su interrelación con el neocórtex, constituyen el núcleo de la inteligencia emocional. Las áreas pre-frontales del cerebro gobiernan nuestras reacciones emocionales. Así pues, cuando una emoción se dispara, los lóbulos pre-frontales ponderan los riesgos y los beneficios de las diversas acciones posibles y apuestan por la que consideran más adecuada".

Pero... ¿qué son las emociones? Las emociones rigen a todas las personas, pero depende de lo que nosotros pensemos, esas emociones aparecerán. Si nosotros pensamos negativamente tendremos emociones negativas que nos restan energía, al contrario; si pensamos de manera positiva u optimista nuestro nivel de energía también aumenta y nos sentimos bien. No hay emociones buenas o malas lo importante es cómo reaccionamos ante ellas. Las emociones que poseamos no solamente afectarán en nuestras vidas sino también la vida de los demás.

Etimológicamente hablando, según Wikipedia, "el término emoción viene del latín *emotĭo*, que significa movimiento o impulso, aquello que te mueve hacia. En psicología se define como aquel sentimiento o percepción de los elementos y relaciones de la realidad o la imaginación, que se expresan físicamente mediante alguna función fisiológica o pulso cardíaco, e incluye reacciones de conducta como la agresividad y el llanto". Las emociones no se pueden detener y son generadas por los pensamientos, de ahí la importancia y reconocimiento de las creencias que posee el Coachee.

Entonces, ¿qué es inteligencia emocional? Si bien es cierto es un término popularizado por Daniel Goleman en 1995, La inteligencia emocional se originó en los 60's y según Wikipedia es "...una habilidad para percibir, asimilar, comprender y regular las propias emociones y las de los demás, promoviendo un crecimiento emocional e intelectual. De esta manera se puede usar esta información para guiar nuestra forma de pensar y nuestro comportamiento". Siendo así, es indiscutible que la inteligencia emocional sea una estrategia del Coaching para el manejo del estrés.

Unas de las características de la inteligencia emocional que me llaman la atención es la capacidad de motivarnos a nosotros mismos. Hablando en el plano del Coaching, seguramente trataremos con clientes que manifiestan diferentes emociones como son: la tristeza, la decepción, la ira. Estos clientes en algún momento del proceso de coaching aprenderán a auto motivarse con técnicas específicas que el Coach les brindará.

También, el Coachee podrá ser capaz de desarrollar otras características de la inteligencia emocional como la de perseverar en el desempeño a pesar de las posibles frustraciones, de controlar los impulsos, de regular los estados de ánimo, de evitar que la angustia interfiera con la facultad de razonar, que sea capaz de empatizar y confiar en los demás.

Es por ello, que según los estudios que se han realizado tanto de la inteligencia emocional como el coeficiente intelectual, han coincidido que un alto CI (coeficiente intelectual) no garantiza el éxito de una persona, ya que son características como las mencionadas anteriormente que ayudarán a que una persona sea exitosa en su vida privada o laboral. Por lo tanto, estas personas que se caracterizan por tener un buen desarrollo de las habilidades emocionales, poseen una gran ventaja en todas las áreas de su vida sintiéndose más satisfechas y plenas.

La autoconciencia

El conocerse a sí mismo, es decir, darse cuenta de los propios sentimientos constituye la piedra angular de la inteligencia emocional. "La falta de conciencia de los sentimientos puede llegar a ser desastrosa especialmente cuando tenemos que sopesar cuidadosamente decisiones de las que, en gran medida, depende nuestro futuro"[3].

Cuando el Coachee es capaz de conocer sus fortalezas, debilidades, las raíces de sus creencias, las consecuencias de sus pensamientos etc., podrá ser capaz de actuar de manera más objetiva y por ende, dejará a un lado las fantasías. En el caso de que un cliente esté manifestando síntomas físicos o psicológicos debido al estrés y no está consciente de ello, las probabilidades de obtener una mejoría serán muy reducidas.

El Coach guía a su cliente a este punto de autoconciencia a través de preguntas poderosas o técnicas de PNL, que le abrirán la posibilidad de verse a sí mismo clara y profundamente. La conciencia emocional nos permite saber qué estamos sintiendo, pero más que eso aprendemos a preguntarnos: ¿Por qué tengo esa emoción? ¿Qué me está queriendo decir mi cuerpo con esa emoción en particular? Cada persona reacciona de manera diferente y la forma en cómo reaccionamos está relacionada con nuestras propias vivencias y con nuestras experiencias.

La felicidad

En teoría todas las personas somos capaces de tener felicidad es nuestras vidas, de lograr esa plenitud y bienestar que muchos anhelan. Existen individuos que, pese a los problemas o enfermedades que le aquejan, son capaces de estar es un estado de gozo. Seguramente se preguntará a qué se atribuye. La respuesta es a la actitud como esta persona ve su vida. Estas personas poseen un gozo permanente y un optimismo que sobrepasa toda expectativa debido a que saben que la situación por la que atraviesan será pasajera y brindará una enseñanza en sus vidas. Estas personas creen que en esos momentos que el amor de Dios se les es manifiesto y por eso confían en El ciegamente.

Su creencia de la felicidad se basa en algo supremo, en la fe de que todo estará bien. Estas personas saben que todo es cuestión de tiempo. Han aprendido a controlar sus emociones no permitiendo así que estas los dominen. Lo que sucede a nivel cerebral se lleva a cabo en milésimas de segundos por lo tanto lo que podemos controlar es el tiempo que permanecerá una determinada emoción en nosotros. Las personas felices saben por ende que pronto todo volverá a la normalidad.

La tristeza

Goleman nos invita a reflexionar sobre ella cuando nos explica que "...la tristeza proporciona una especie de refugio reflexivo frente a los afanes y ocupaciones de la vida cotidiana. Si bien la tristeza es útil, la depresión no lo es ya que el deprimido no hace nada por salir de este estado anímico". La inteligencia emocional nos permite considerar que la esperanza nos ayuda a perseverar en el anhelo de que el evento de tristeza será pasajero. Está comprobado que las personas con esperanza se deprimen menos y muestras menos ansiedad, angustia y tensión.

El optimismo

Cuando una persona es optimista, o sea que es capaz de ver el aspecto más favorable a toda situación, es menos probable que se llene de pensamientos de apatía. La esperanza como el optimismo son grandes cualidades que podemos ayudar a desarrollar en la vida de los clientes. Desde el punto de vista de la inteligencia emocional, el optimismo es una actitud que impide caer en la desesperación o la depresión frente a las adversidades. El optimismo es una actitud emocionalmente inteligente que, si rigiera en la vida de todo ser humano este alcanzaría un estado de gozo y plenitud insospechable.

El enfado

Se ha demostrado que cuando se está consciente de los pensamientos que desencadenan el enfado, se alcanza la calma evitándose de esta manera, una explosión de enojo innecesario. Es decir, cuanto antes intervengamos en el proceso del enfado, mejores resultados obtendremos. Contar hasta diez es un buen ejercicio para recuperar la calma perdida.

El miedo

El miedo nos puede llegar a paralizar y son los pensamientos los que provocan esos miedos. Pero es posible llegar a desarrollar la capacidad de parar esos pensamientos que alimentan los miedos. Existen miles de personas que por miedo están prácticamente dejando de existir. Limitan sus vidas solamente a aquellas circunstancias que le proporcionan seguridad. Los miedos que un Coachee pudiese tener también afectan el entorno del mismo, ya que si tuviese hijos estos pudiesen imitar la conducta observada. En general, los miedos entorpecen el flujo natural de la existencia de una persona y muchas veces no poseen un fundamento lógico. Tanto el dominio del miedo como de otras emociones tienen que ver mucho con el autoconocimiento que tengamos de nosotros mismos.

Las preocupaciones

Cuando hay falta de control sobre el ciclo de la preocupación las personas manifiestan ataques de pánico, fobias, obsesiones, compulsiones, insomnio entre otros. Se puede cortar el circuito de la preocupación cambiando el foco de la atención. Las personas aprensivas dan vuelta al pensamiento que les preocupa una y otra vez profundizando el surco del pensamiento que los atemoriza. Los problemas son fantasías que creamos con nuestra propia mente, por eso es recomendable poner en nuestra mente un rotulo que diga BASTA para no seguir "patinando" en esos problemas que nos consumen tanta energía. Las personas inmersas en ese pensamiento obsesivo no reparan en las sensaciones subjetivas de la ansiedad y estos pensamientos en definitiva no aportan una solución para resolver el problema.

Borkovec, psicólogo de la Pennsylvania Univesity State, elaboró un método sencillo que puede ayudar a los aprensivos crónicos a controlar sus hábitos:

1. Tomar conciencia de uno mismo y registrar el primer acceso de preocupación tan pronto como sea posible.
2. Adoptar una postura crítica ante las creencias que sustentan la preocupación. Algunas preguntas que sugiero nos hagamos son:
   • ¿Qué posibilidades existen para que se lleve a cabo lo temido?
   • ¿Qué beneficios logro al seguir pensando en el mismo problema?
   • ¿Por dónde puedo empezar para solucionar el problema?
   • ¿Es esa situación que me preocupa es real o imaginaria?
   • ¿Tiene solución mi problema?
   • ¿No tiene solución?
   • ¿Qué es lo peor que me pusiese pasar?

Con este planteamiento de preguntas, es probable que se rompa el patrón de pensamiento del cliente y por ende, la búsqueda de pensamientos más racionales y claros se pondrán de manifiesto.

Control de los impulsos

Desde mi punto de vista, la capacidad de demorar los impulsos es una gran habilidad por desarrollar en nosotros mismos, en los clientes y en los miembros de la sociedad en general. Miles de personas fracasan en sus vidas por la falta de control de impulsos. Empecemos por los niños.

Los padres de familia requerimos enseñar a nuestros hijos desde temprana edad las consecuencias que obtendrán si no hay control de dichos impulsos. Pero en los adultos también hay carencia del control de los impulsos. Hay quienes desean adelgazar pero no quieren dejar de comer. A otros no les gusta el chisme pero buscan a otros para estimularlos a escuchar comentarios de los demás. Este par de ejemplos también tienen que ver con la falta de dominio que tengamos sobre ello.

La falta de control de impulsos puede incrementar los niveles de estrés en una persona. Por ejemplo, responder impulsivamente al jefe, tener una rabieta no controlada, o mal interpretar los comentarios de un familiar etc. La buena noticia radica en que esta habilidad se puede aprender.

La empatía

La empatía es otra habilidad emocional importante por desarrollar. Al igual que otras habilidades emocionales, esta se inicia desde temprana edad, cuando los infantes y niños perciben cómo es el trato brindado por parte de sus progenitores. Los niños imitan lo que sus padres hacen o dicen. Es una habilidad que se desarrolla en la vida de las personas aprovechando esos momentos íntimos entre los padres y los hijos, ya que es ahí cuando los hijos constatan que sus emociones son captadas, aceptadas y correspondidas con empatía.

La inteligencia social

La inteligencia social, es la capacidad de poder relacionarnos con los demás, de reconocer sus emociones, de ser empáticos y de poder persuadir en cierto momento, especialmente si se trabaja en ventas. Goleman parte del hecho que las habilidades sociales se empiezan a desarrollar a los dos años de edad y que tanto niños y niñas son educados de manera diferente desarrollando ciertos roles sociales y habilidades.

Se ha demostrado que los padres hablan más de las emociones con las niñas que con los niños, por lo tanto ellas poseen más información del mundo de las emociones que los hijos varones. Las mujeres somos capaces de experimentar con mayor intensidad las emociones siendo importante para nosotras el mantener una buena comunicación con la pareja, ya que está relacionado con el nivel de satisfacción que se siente con nuestro cónyuge. También es imperativo estar consciente con el tipo de personas con las que nos relacionamos, ya que muchas de ellas pueden ser personas tóxicas en nuestras vidas. Por ello es importante buscar relacionarnos con personas optimistas y que no juzguen a los demás. Generalmente cuando juzgamos o criticamos a los demás es porque estamos reflejando algo de nosotros mismos que no nos gusta.

Comunicación

Los tres tipos de comunicación que puede predominar en la vida de los clientes. Puede ser agresiva, pasiva o asertiva. Tanto la comunicación agresiva como la pasiva les restan energías a las personas y son generadoras de estrés. La comunicación asertiva nos da energía y crea un balance en nuestras vidas sintiéndonos bien con nosotros mismos y por ende con los demás. Al comunicarnos se recomienda poner atención a lo que las otras personas nos quieren decir con su lenguaje no verbal, el cual equivale a un 93% de la comunicación. El resto equivale a un 7%. La forma en cómo el otro gesticula, su tono de voz y postura física nos brindará información valiosa acerca de sus emociones.

Creatividad

Se ha demostrado que cuando una persona está bajo los efectos del estrés la respuesta creativa se inhibe y que bajo estas circunstancias también las personas reaccionan de manera menos inteligente. Algunas recomendaciones que el Coach Cesar Piqueras plantea para estimular el lado creativo son:

Conectarse más a menudo con su mundo interior. Para ello es importante el auto-conocerse y la autoconciencia. Solamente así podremos hacer una revisión interior de nuestras emociones y del porque estamos reaccionando de esa manera. Esta posibilidad nos permite hacer un alto y vernos de forma introspectiva sin dejar a un lado la objetividad.

Busque espacios para usted. Puede ser un lugar en su casa o apartamento. O quizás el bosque, la playa, un restaurante etc.

Conéctese con su expresión más poética, artística. Dejar a un lado la mente racional es necesario en muchas ocasiones. Veamos nuestro interior a través de la música, la poesía, la danza etc. Estos momentos permiten que la creatividad vuelva a resurgir.

Tómese un respiro. Escaparse a un lugar mágico es saludable. La soledad nos enseña muchas cosas que podrían impresionarlo.

Vivir emociones "positivas". Retomar el contacto con las emociones que emergen de la paz, gozo y tranquilidad que tocan a la puerta de su alma.

Encuentre cada día un pequeño momento para usted. Es en estos momentos cuando sentimos la necesidad de Ser. Descubrir ese ser nos permitirá tener lo que deseamos y necesitamos, así llegaremos a hacer lo que soñamos.

Todos los seres vivos necesitamos tiempo y espacio para hacer uso de nuestra creatividad, y es esa creatividad la que nos hace ser únicos.

El Estrés y la Autoestima

El inconveniente con el estrés es que las personas son incapaces de reconocer todas las señales que el cuerpo le está enviando, tanto a nivel fisiológico como a nivel psicológico. Es tanta la tensión que la persona ha permitido acumular en su cuerpo y en su mente que son incapaces de resistir más, dando lugar al surgimiento de una crisis de estrés.

He escuchado a muchos individuos comentar que se estresan porque no pueden delegar, porque no confían en que otras personas puedan hacer el trabajo tan bien como ellos, porque hay que cumplir con un sinnúmero de responsabilidades en el hogar y/o trabajo y la lista de comentarios continúa. Da la impresión que dichas personas controlan en extremo sus vidas y la de los demás siendo incapaces de creer y confiar en las habilidades de los otros. Pudiera ser esta actitud una proyección de su propia incapacidad a delegar, a aceptar órdenes o a creer en sus aptitudes tanto laborales como personales.

La fuente de este tipo de actitudes generalmente se atribuye a la carencia de amor propio. Las personas que poseen una autoestima alta son menos propensas a padecer de estrés, ya que están conscientes de sus capacidades, predomina el optimismo y ven esa experiencia como una lección que la vida les está brindando. Las personas con autoestima baja típicamente sólo son capaces de dar. Estos clientes dan amor, dan tiempo, dan sus recursos, dan y dan. No son capaces de recibir ayuda, de recibir cariño, de recibir el tiempo que otra persona quiere dedicarles a ellos. Las personas con poca autoestima carecen de la habilidad para poner límites, subsecuentemente el nivel de estrés se ve afectado.

Hay una corta pero efectiva técnica que Talane Miedaner enseña en su libro *Coaching para el éxito*, Consiste en aplicar el significado de las siglas IPER, que lo ayudarán a poner límites a los demás, lo cual es algo realmente beneficioso y es el camino para iniciar a mejorar el autoestima. Con la "I", informamos a la otra persona sobre la actitud o acción que está ejerciendo y que causa algún tipo de molestia. Con la "P", pedimos que por favor pare de actuar o decir aquello que esta ocasionado ese malestar. La "E" es para exigirle a la persona que no continúe con dicho trato o acción. Y finalmente la "R" es para retirarse. Con esta sencilla estrategia, el Coachee será capaz de poner límites en su vida, adquirir la confianza perdida e incrementar poco a poco su propia autoestima.

Es importante que como seres humanos comuniquemos lo que necesitamos y queremos. Empecemos a pensar en nosotros primero y saber poner límites en nuestras vidas. Cuando no ponemos limites en nuestras vidas y aceptamos y hacemos todo lo que las personas que nos rodean nos indican, es decir, cuando hacemos cosas que van en contra de nuestra voluntad, nos sentimos pésimos, sin energía afectando nuestro entorno familiar y/o laboral.

Cuatro posiciones

Esta es una estrategia de Coaching con algunas adaptaciones hechas por mi persona en cuanto al tema de estrés se refiere, sin embargo, vale la pena aclarar que puede ser de gran ayuda para cualquier otro tipo de situación. Tomando en consideración lo que Joseph O'Connor llama cuatro posiciones en su libro *Coaching con PNL*, nos explica de manera muy interesante acerca de cómo un Coach puede asumir un punto de vista más objetivo considerando estas cuatro perspectivas al momento de desarrollar una sesión de Coaching.

Para ejemplificar mejor vamos a suponer que llega un cliente con determinada situación que le esta ocasionando estrés en su vida. Asumiremos que el Coach usará esta estrategia para guiar al Coachee a su estado deseado, es decir la disminución o eliminación del estrés.

- **Primera posición.** Es la de la propia realidad del Coach. Es lo que usted como Coach piensa sobre la situación que le está produciendo estrés a su Coachee. En esta posición sus sentimientos, creencias y valores juegan un papel determinante. Es decir, es en esta primera posición donde usted se dará cuenta que tanto se conoce asi mismo como Coach.

- **Segunda posición.** Corresponde al punto de vista del cliente. Es ponerse en los zapatos del cliente. Tal y como dice O'Connor: "Es tratar de comprender el punto de vista del cliente, lo cual no significa que tenga que estar de acuerdo con él". Básicamente en esta posición nos volvemos empáticos y creamos esa sintonía con el cliente. Es en esta posición donde surgen preguntas que nos permitirán comprender esta situación que está generando estrés o conflicto en el cliente.

- **Tercera posición.** Es tomar un punto de vista exterior y desapegado. Desde esta posición se puede observar la conexión y la relación que existe entre Coach y Coachee.

- **Cuarta Posición.** Es la perspectiva desde el sistema, en el que el cliente actúa por ejemplo, su trabajo y familia. ¿Cómo influyen las acciones del cliente en estos sistemas?

¿Cómo se adapta esta estrategia en la propia vida del cliente?

Consideremos cada una de estas posiciones nuevamente pero aplicable a un cliente que se encuentra en un estado de estrés. Vale mencionar que en la práctica algunos clientes serán más hábiles al manejar una posición que otra.

- **Primera posición.** El Coachee verá su propia realidad. ¿Qué es aquello que le está ocasionando estrés? ¿Cómo está reaccionando ante este estado de estrés? Recuerde que las creencias, valores, sentimientos y opiniones juegan un rol importante en esta primera posición. Si usted es una persona con un alto nivel de autoconocimiento, esta posición le será de gran ayuda.

- **Segunda posición.** En esta posición trate de colocarse en los zapatos de la persona que está ocasionándole su estado de estrés. Trate de entender el punto de vista de esa persona aunque no lo comparta. ¿Qué le dice esta persona? Probablemente ahora que está en sus zapatos pueda entender su posición y usted se sienta más aliviado.

- **Tercera posición.** Mírese usted y esa persona o situación que le causa estrés en su vida. Trate de verse de forma desapegada. ¿Cómo ve ahora la situación desde este punto de vista? ¿Cómo se percibe usted desde afuera? ¿Hay alguna razón para seguir bajo esta situación? ¿Ve alguna solución al problema desde esta nueva perspectiva? Probablemente ahora tenga una visión más objetiva de la situación.

- **Cuarta posición.** Ahora piense en el sistema en el cual usted actúa. ¿De qué manera su actuar está afectando su trabajo o su ambiente familiar? ¿De qué manera su familia, jefe o trabajo en general lo limita o potencializa para salir avante ante ese estado estresante? Vea desde esta perspectiva como sus decisiones actuales están afectando su entorno. Recuerde que todas las posiciones son útiles y que el mayor beneficio se obtiene al sentirme cómodo haciendo este ejercicio independientemente de la posición asumida.

Adiós al estrés con la PNL

De acuerdo a Wikipedia la Programación Neuro-Lingüística (PNL) "...es una estrategia de comunicación, desarrollo personal y psicoterapia, creada por Richard Bandler y John Grinder en California (Estados Unidos), en la década de 1970. Sus creadores sostienen que existe una conexión entre los procesos neurológicos («neuro»), el lenguaje («lingüística») y los patrones de comporta-miento aprendidos a través de la experiencia («programación»), afirmando que estos se pueden cambiar para lograr objetivos específicos en la vida de los individuos". Ambos creadores observaron detenidamente los logros en las terapias con pacientes tanto de Fritz Perls, Virginia Satir y Milton Erickson.

Basados en sus observaciones construyeron un modelo que dio lugar a un conjunto de técnicas y procedimientos de trabajo con excelentes resultados. La PNL se enfoca en cómo las personas organizan su mente y experiencias a través de los sentidos. Todo lo que se ve, se oye, se siente y la manera en como se filtra a través de los órganos receptores sensoriales y la utilización del lenguaje para describirlo, como también la forma de reaccionar, produce en el ser humano determinados resultados.

Por eso se afirma que la PNL se refiere a los "Programas" mentales que tenemos establecidos y que se originan desde la procreación del individuo. Al decir "Neuro" se relaciona con el hecho de que toda acción y conducta está basada en una actividad neurológica. Y "Lingüística" tiene que ver con la forma cómo se exteriorizan las actividades mentales.

La Programación Neuro-Lingüística contiene una serie casi ilimitada, de técnicas que hacen que llegue a ser considerada como una terapia moderna, llegando a confirmarse su eficacia en los siguientes campos enfocándose en los puntos más importantes:

- Terapia: Ansiedad, estrés, fobias, relaciones de pareja, falta de confianza/autoestima, problemas de relaciones Padres-hijos, adicciones, conductas anómalas, complejos, sexualidad y enfoques de futuro.
- Desarrollo Personal: Logro de objetivos personales, mejora de la autoestima y establecimiento de estrategias de éxito.
- Educación: Técnicas de enseñanza y comunicación para el incremento de capacidades y rendimiento en el aprendizaje y técnicas para "aprender a aprender".

77

- Trabajo/Empresa: Motivación, control de estrés, aprovechamiento de recursos, creatividad, desarrollo y consecución de objetivos, liderazgo, competencia y negociación.
- Aplicaciones Organizativas: Programas, desbloqueo de negociaciones, sistemas de comunicación convincentes, persuasión, conflictos, preparación entrevistas, entre otros.[4]

Presuposiciones de la PNL

El conocer y comprender las presuposiciones de la PNL, brindarán al lector un espectro más amplio de esta fascinante técnica y de su aplicación en las sesiones de Coaching.

1. La habilidad de cambiar el proceso a través del cual experimentamos la realidad, es más valiosa que cambiar el contenido de la experiencia de la realidad. El proceso son los pasos necesarios para lograr los resultados que queremos. El contenido no se puede modificar. Por ejemplo, si le preguntamos a un cliente: ¿Por qué esta estresado? Esta es una pregunta de contenido, porque nos podría responder: porque si. Entonces, si ese contenido fuese una realidad absoluta toda persona estaría estresada bajo esta misma circunstancia. La pregunta por hacer sería ¿cómo se estresa? No podemos modificar el contenido, sin embargo el cómo yo me estreso sobre un hecho si es modificable.

2. El significado de la comunicación es la respuesta que obtienes. Es de vital importancia comunicar de la mejor manera posible para obtener el resultado deseado. No todas las palabras utilizadas poseen el mismo significado para todos. Solo recuerde a sus amistades de otras regiones, que las palabras utilizadas por ellos tienen un significado completamente diferente a las que nosotros aprendimos en nuestra cultura.

3. Utilizamos los cinco sentidos para representar nuestro comportamiento y su interacción con el medio ambiente.

4. Poseemos los recursos internos para lograr un cambio. Todo cliente nace dotado de los recursos necesarios para sobrepasar cualquier eventualidad que posee en su vida incluyendo el estrés.

5. El mapa no es el territorio. No se vive en una realidad, se vive en una representación de la realidad del sistema nervioso. Nadie puede decir que tiene razón porque cada persona vive su propia realidad. La reconstrucción subjetiva de la realidad tiene sentido si se logran los resultados.

6. El potencial valioso de un individuo siempre es constante. El potencial siempre está en la vida del cliente, solamente tiene que llegar a ser descubierto para hacer uso de ello.

7. Hasta el comportamiento más negativo en un contexto determinado es de utilidad. No hay que minimizar aquello que creemos que no sirve, hasta de ello se puede aprender o tomar ventaja.

8. No existe el fracaso solamente el resultado. Casi siempre después de salir de una crisis personal, financiera o espiritual, queda una lección por aprender que no debe ser subestimada. A eso le llamamos retroalimentación.

Los sistemas de representación sensorial

Recibimos información a través de cinco canales y enviamos información por medio de palabras, de la voz y la fisiología es decir, la comunicación no verbal. Está comprobado que las palabras representan el 7% de la comunicación, la voz 38% y la fisiología impacta el 55%. También está comprobado que cuando estos tres canales de salida mandan un mensaje diferente el uno del otro, surge un mensaje incongruente.

Por otro lado, los canales de entrada no funcionan de la misma manera, ya que en cada persona unos sentidos dominan más que otros. En la PNL el sentido del olfato, tacto y gusto se agrupa en la parte kinestésica. Otros son visuales o auditivos. Se dice que la comunicación es un proceso de supresión o eliminación, es decir una persona kinestesica elimina lo visual y auditivo. Un auditivo elimina al kinestesico y al visual. El visual elimina al auditivo y al kinestésico.

Siendo así, puede haber problemas de comunicación cuando cada quien utiliza su propio sistema de representación sensorial. ¿Qué sistema de representación sensorial predomina en nuestro cliente? Para lograr la empatía necesaria con nuestro cliente se recomienda reconocer de forma inmediata cómo este emite y recibe la información.

Cómo evitar que la comunicación llegue a estresar a las personas

Para prevenir que la comunicación con los demás nos ocasione estrés, es vital determinar el sistema de representación sensorial de la otra persona. Vale la pena aclarar que no se trata de la evaluación del intelecto sino de la forma en cómo éstas representan el exterior en su interior. Lo que vemos, escuchamos y sentimos del exterior se manifiesta en el interior de todo individuo. De esta manera comprenderemos como las otras personas procesan la información disminuyendo el estrés que nos pueda ocasionar durante el acto de la comunicación. A través de las claves de acceso ocular, por ejemplo, podemos determinar cierto tipo de pensamiento.

Observando los ojos del jefe, del subordinado, de un cliente o amigo, se puede llegar a reconocer el mecanismo de inicio de la estrategia. Si es visual se tiende a voltear los ojos hacia arriba, a la izquierda para recordar algo, una variante es la percepción visual creada/imaginada, según el cual se tiende a voltear los ojos arriba a la derecha. Por ejemplo, si le preguntamos a alguien si le gusto la película "X" que fue a ver al cine, si ve arriba a la izquierda, esta accediendo a una experiencia anterior en el tiempo y si ve a la derecha podemos pensar que nunca ha ido al cine a ver la película "X" o que la vez que fue a ver la película "X" y no se sintió bien.

Cuando una persona voltea los ojos a los lados, se habla de una persona está usando el sistema de representación auditivo. Hacia la izquierda es auditivo recordado o evocado, a la derecha es auditivo imaginado/creado.

¿Ha observado que la cabeza de las personas muchas veces acompaña a los ojos? Cuando se voltea a ver hacia abajo a la derecha tenemos un dialogo interno. Hacia abajo a la izquierda es kinestecico. Por ejemplo, si le preguntamos a alguien que temperatura hay en el cuarto y queremos identificar si nos está mintiendo tenemos que ver hacia donde voltea a ver los ojos y la respuesta verbal. Generalmente cuando se ve hacia arriba y a la derecha la persona está construyendo algo, está mintiendo. Pero es aconsejable verificarlo. Los ojos tienen a parpadear mas cuando las personas están mintiendo o pensando.

Se dice que 90% de los problemas interpersonales son ocasionados por problemas de comunicación. Estos conocimientos nos brindan ayuda para resolver dichas circunstancias que pueden estar provocando cierto nivel de estrés en las personas, pudiendo evitarse si se conoce más sobre los sistemas de representación sensorial de los seres humanos.

Un simple ejercicio a poner en práctica

Supongamos que un cliente llega a visitarnos porque su jefe inmediato lo trata de manera inadecuada, es decir, le grita, lo humilla, lo considera poca cosa y además no lo toma en cuenta en las reuniones. Esta es una situación de genera estrés a este cliente. El cliente tiene las siguientes opciones: renunciar a su trabajo, seguir en la empresa hasta que encuentre un nuevo empleo o modificar la situación. En otras palabras, él o ella pueden modificar los procesos de la experiencia sin modificar el contenido. En este caso, el cliente puede imaginarse la situación que tanto le estresa en blanco y negro, de tamaño pequeño y sin sonido. La repetición de este ejercicio varias veces antes de ir a trabajar le permitirá que el próximo encuentro con su jefe no le afecte como lo hacía anteriormente. La situación está ahí pero el efecto negativo por parte de su jefe se ha modificado.

Anclaje

Recuerde, una de las presuposiciones de la PNL es que las personas tienen los recursos dentro de sí para generar un cambio. Lo importante en el anclaje es crear y desarrollar el estado emocional que permita que esos recursos sean liberados de manera que se obtenga el comportamiento de excelencia esperado. A través de esta estrategia de PNL, se puede lograr este comportamiento sin mayor dificultad.

Hay canciones, olores, palabras que pueden recordarnos las sensaciones agradables o desagradables relacionadas con ciertos eventos. Por ejemplo, puede haber un anclaje de intensidad emocional en relación a determinado olor conocido como anclaje olfativo. Estos son los pasos para que un estímulo específico genere el anclaje deseado:

Primero. El estado emocional requiere ser muy intenso. El cliente evocará recuerdos que lo conduzcan experimentar el estado deseado. Los eventos positivos más trascendentales en su vida son excelentes medios para lograr ese estado deseado. Si el lector o un Coachee refleja dificultades para traer a su mente este tipo de emociones seguramente, algunas ideas refrescaran esos momentos. Por ejemplo el nacimiento de su hijo, la celebración de algún cumpleaños, el reconocimiento de algún logro obtenido en su vida, la promoción a un puesto de trabajo o aquella noticia positiva que lo hizo sentir completamente realizado. Quisiera compartir un ejemplo personal que yo he utilizado como ancla en mi vida.

Parte de mi niñez y adolescencia tuve el privilegio de formar parte de una banda musical que marcó mi vida. Era una banda compuesta por niñas en su mayoría, el único integrante masculino ejecutaba la batería. Yo ejecutaba el bajo. Una niña tocando el bajo. Eso era único en ese medio y en esa época. Mis colegas bajistas se me acercaban y me admiraban por esa habilidad musical que poseía. Tocábamos a "puro oído", no con partituras. Las canciones ejecutadas eran de todo tipo de géneros musicales. En fin, al público le encantaba no solo nuestro repertorio musical y la habilidad reflejada para ejecutar los instrumentos musicales, sino también el ver a nueve niños deleitándolos y compartiendo escenario con reconocidos artistas nacionales e internacionales. En ese entonces en nuestro país no había una banda musical con esas características: jovencitos tocando diversos instrumentos musicales y en vivo. Participamos en distintos eventos donde cientos de personas llegaron a vernos. Los conciertos eran fenomenales. Recuerdo sentir la adrenalina en todo mi cuerpo al salir ante la multitud. Los aplausos, gritos y cariño del público nos llenaban de energía, de alegría y realización. Recuerdo lo que veía en ese momento, un lugar atestado de personas queriéndonos ver, tocar, conocernos y buscando la oportunidad de manifestar su admiración. Todavía puedo ver al publico bailando, cantando y gritando ¡otra!, ¡otra!... No querían que finalizáramos de deleitarlos. Al traer esos recuerdos no puedo dejar de sentir esa gran emoción de todo mi ser. Mi corazón late fuertemente debido a la emoción suscitada por dichos recuerdos. La alegría vuelve a mi ser y la gratitud por haber sido parte de grandes y beneficiosas experiencias que pocos jóvenes de mi edad pudieron vivir.

Segundo. Simultaneidad entre el estado emocional y el estímulo. Una vez inmerso en ese estado emocional intenso se utiliza un determinado estimulo. En mi caso fue el aplauso. Aplaudí varias veces y entonces ancle esa emoción descrita anteriormente con dicho estímulo

Tercero. Repetitivo. La recurrencia permite el anclaje. Una vez que está anclado, con solo el estímulo el recurso viene a nosotros. La experiencia descrita en el primer paso la repetí varias veces junto con el estímulo (el aplauso). Debido a mi autoconocimiento, cada vez que tengo sensaciones desagradables en mi cuerpo que me pudiesen llevar a un estado emocional indeseado, hago uso de esa ancla para volver a la normalidad o al estado que deseo tener. Las emociones de alegría, valentía y seguridad vuelven a mí ser. Recuerde que en la PNL se comprueba todo. Si la primera vez que usted haga este ejercicio y no es capaz de realizar ese anclaje significa que hubo un fallo en el proceso. Repita el ejercicio y compruebe que se llevó a cabo el anclaje.

Ejercicio de anclaje para eliminar síntomas de estrés.

Para iniciar este ejercicio se le pedirá al Coachee que respire despacio y profundamente dos o tres veces. El lector también lo puede llevar a cabo. Se le invitará a conseguir un estado de tranquilidad o relajación. El Coach se asegurará, a través de la observación de su fisiología, que el cliente está tranquilo y relajado. Una vez que se consiga este estado, el cliente seguirá la siguiente recomendación:

1. Pensar en el estado de tranquilidad o relajación que quiera alcanzar. Para ello se le pedirá que regrese al pasado, a ese estado de tranquilidad y relajación que en algún momento de su vida ha tenido. Se le pueden sugerir algunas ideas. Se requiere de un evento significativo y poderoso que quiera reproducir. Seguidamente el Coachee inicia la respuesta a una serie de preguntas que le permitirán evocar aun más esa imagen permitiendo así que quede impreso por siempre en su cerebro eliminando de esta manera el estado que le brinda estrés. Algunas de estas preguntas que se sugieren son:

- ¿Puedes recordar esa imagen?
- ¿Qué cosas veías?

- Mira los colores e intensifica cada uno de ellos
- ¿Estás dentro de la imagen o viéndote a ti mismo?
- ¿Había alguien en ese lugar que te hizo sentir en ese estado de tranquilidad?
- ¿Recuerdas algún ruido, música, o sonido?
- ¿Qué te decían las demás personas?
- ¿Qué te decías a ti mismo?
- ¿Cuál era tu ritmo respiratorio?
- ¿Recuerdas tu ritmo cardiaco?
- ¿En qué parte de tu cuerpo tienes esa sensación de paz y tranquilidad?
- ¿Estabas de pie, sentado, de rodillas?
- ¿Recuerdas alguna sensación en el pecho, estomago u otra parte de tu cuerpo?
- ¿Te es fácil estar en esa experiencia de relajación y tranquilidad?

Luego se le pide que duplique ese estado de tranquilidad y que lo haga más intenso. Se sigue observando la fisiología del cliente y en el momento preciso se le pide que haga una palmada. Ahora se le pide que triplique ese estado deseado. Que haga ese estado todavía más intenso. Se le pide que haga la palmada una y otra vez, una tercera vez. Perfecto.

En la PNL no es necesario enterarse de lo que piensa el cliente al menos que este quiera compartirlo. Recuerde, en la PNL todo se prueba, nada se deja en estado de teoría.

El mapa no es el territorio

En la PNL es común utilizar esta expresión. En pocas palabras se refiere a que cada persona vive su propia realidad. Por ejemplo un mapa de cualquier ciudad no contiene los carros ni los edificios de tamaño real. Tampoco sabemos cuántas personas viven en cada casa, ni el tipo de mascotas que hay en cada una de ellas, pero aun así nos movemos de un lugar a otro. Podríamos decir que los mapas son representaciones limitadas de nuestra realidad, es una forma de interpretar esa realidad. Para poder expresar esa realidad usamos un segundo mapa el cual es la estructura lógica del mapa interno y es precisamente a lo que conocemos como lenguaje.

Con el siguiente gráfico podemos ver los niveles de interpretación.

De la vasta realidad que tenemos tomamos ciertos elementosy construimos un mapa limitado de la realidad. A este mapa limitado de larealidad se le llama representación interna.

La tendencia de la mayoría de las personas es tomar ese mapa como la realidad completa; pero no lo es. Esta es solamente una representación limitada.

Una limitante de los seres humanos es que el lenguaje o las palabras no son suficientemente buenas para explicar lo que estamos viviendo a nivel profundo o mapa interno. A esto se le conoce como estructura profunda del lenguaje ya que no podemos expresar completamente lo que sentimos.

Niveles de interpretación

Generalmente los problemas de comunicación entre las personas se atribuyen a las violaciones de la estructura profunda, entendiéndose como profundo aquello que soporta o contiene el significado de una oración.

Las tres violaciones que cometemos de la estructura profunda son:

1. Omitir información. Tanto el cliente como otras personas con las que se están comunicando, llenan los "huecos" de la información con interpretaciones que ellos hacen. Esta

omisión de información puede ocasionar diferencias entre las personas generando conclusiones equívocas sobre el tema que están tratando. Ante una situación como esta, se recomienda pedir a la otra persona que repita la información para que la comunicación que se quiso transmitir sea la exacta, sin omisiones.

2. Distorsiones. Es cuando se asume que algo es igual a otra cosa. Una forma sencilla de ejemplificar una distorsión es cuando decimos "Esa persona no me dirigió la palabra, entonces no le caigo bien". Es decir, hacemos superposiciones. Es aconsejable que la distorsión deba ser aclarada por la persona que esta recibiendo el mensaje.

3. Generalizaciones. Esta es otra violación bastante común en los seres humanos. Consiste en tomar un determinado evento, asumiendo como generalizada esa característica y aplicándola a todo. Por ejemplo: "Todos los hombres son iguales".

El inconveniente con estos errores es que eliminan precisiones y no permiten entender lo qué hay en la estructura profunda. Cada vez que se elimina algo en la estructura profunda, la tendencia es resolver los problemas con las omisiones, distorsiones o generalizaciones creyendo fielmente que entendimos el mensaje pero en realidad no lo fue. De allí la importancia de invitar a nuestros clientes a tomar conciencia de lo que las demás personas les están comunicando, desarrollando la habilidad de preguntar sin temor y de forma asertiva.

Ejercicios para ser más profundos en nuestro lenguaje

Durante las sesiones de Coaching se trabaja en el desarrollo de las habilidades de comunicación del cliente. Para mejorar esta habilidad el Coach realizará una serie de preguntas al Coachee para profundizar en el lenguaje. Por otra parte si el objetivo del cliente es mejorar su habilidad de comunicarse con las demás personas para disminuir la tensión que le pudiese ocasionar dicho asunto, se

87

recomienda practicar los siguientes ejercicios para desarrollar una comunicación más asertiva.

Sustantivo inespecíficos. En los medios sociales y laborales en que un cliente se llegase a desenvolver, será común que surja el comentario de parte de otra persona que diga: "Se dice por ahí...". También es probable que un cliente haga comentarios de esta índole. En ambos se pide una aclaración preguntando: ¿Quién lo dice?

Verbos inespecíficos. Muchas veces escuchamos decir "qué" se hizo pero no "cómo" se hizo. El verbo 'pensar' es un verbo inespecífico ya que el pensar es un proceso neurológico. Si alguien dice "déjame pensar", simplemente no sabe lo que va a hacer con ello. Entonces se sugiere que preguntemos a nuestro cliente: ¿cómo vas a pensar? Otro ejemplo de verbo inespecífico es "intentar". Si un cliente nos comenta: "lo intentaré" lo que realmente está comunicando es "no tengo idea de cómo hacerlo". Lo recomendable es preguntar, "si ya supieras hacerlo... ¿qué es lo primero que harías?"

Las presuposiciones. Es cuando presuponemos algo y no lo comunicamos. Las presuposiciones pueden ocasionar estrés en las personas ya que se presupone algo que realmente no es. El problema con las presuposiciones surge cuando no se logra aclarar la duda creando una serie de acontecimientos desfavorables en la vida de los sujetos.

Los juicios. Son expresiones que al ser usadas por las personas carecen de discusión. Pongamos atención a estos juicios:" evidentemente", "obviamente", "clara-mente". No permiten discusión de lo que se refiere. Los juicios se eliminan preguntando. ¿Evidentemente para quién? ¿En base a qué es evidente? Supongamos que un marido se queja porque su esposa no está siendo cariñosa con él. Después de dialogar un rato ella le dice "obviamente te amo". El marido podría preguntar: "Obviamente ¿para quién? O ¿en base a que es obvio? Este tipo de preguntas generarán la posibilidad de un diálogo.

La nominalización. En términos lingüísticos es un proceso convertido en sustantivo y un sustantivo es un nombre. Estos sustantivos están relacionados con la experiencia y la interpretación puede variar. Una nominalización clásica puede ser "El cliente siempre tiene la razón". En este ejemplo hay que saber que significa "razón". En las organizaciones podemos causar confusión en lugar de precisión con este tipo de nominalizaciones.

Las generalizaciones. Cuando una persona usa las palabras "siempre" y "nunca" refleja inflexibilidad en su comentario y carencia de la verdad. Por ejemplo si alguien dice "Tu siempre me interrumpes". No dudemos en preguntar: ¿Siempre? Estas son generalizaciones que una vez resueltas permiten sacar a las personas de esos esquemas mentales.

Metaprogramas o Programas Mentales

Los metaprogramas o programas mentales que una persona tiene determinarán las respuestas que posee ante la vida. Algunos clientes serán capaces de resolver un determinado problema de una manera y otros de otra. De dichos meta programas depende la capacidad para auto motivarse, permanecer en un trabajo o no. Son ellos los que hacen que un Coachee procese su información.

Los metaprogramas o programas mentales son una herramienta útil ya que permiten que el sujeto se entienda más asimismo y a los demás. Por otro lado, estos meta programas pueden generar limitaciones en un cliente, sin embargo, se puede lograr un cambio a través de la toma de conciencia de esos programas que no están permitiendo el máximo potencial en el cliente.

Es importante resaltar que estos meta programas dependen en gran medida del contexto del cliente y además están relacionados con el estrés. Por eso se dice que los meta programas son procesos mentales que dirigen la mente humana y que el nivel de atención que se preste a determinado problema o circunstancia depende de los valores, criterios y cultura que el Coachee posee.

Hay cinco tipos de Metaprogramas a los que se puede hacer referencia.

1. Enfoque de problema o dirección

Este metaprograma acerca a las personas al placer o las aleja del dolor. Para determinar la dirección de un futuro cliente podríamos preguntar: ¿Qué espera de una sesión de Coaching? En su respuesta podremos observar si responde lo que espera o lo que no espera. Dependerá de lo que lo mueve, el placer o el dolor. Su respuesta nos ayudará a mejorar la comunicación con el cliente y a entender su nivel de motivación.

2. El sistema de control

Ayuda a determinar si la persona es activa o pasiva. Supongamos que usted o el cliente que nos visita están teniendo problemas de comunicación con un compañero de trabajo. ¿Qué acción tomaría para mejorar la situación? Hay personas que prefieren esperar que su superior tome la iniciativa. En cualquier caso hay algo que lo motiva a actuar de la manera que escogió. ¿Qué es aquello que lo mueve? ¿Qué hace que no responda ante esta situación? Ese mismo tipo de preguntas se pueden adaptar en el hogar, con las amistades y en cualquier tipo de decisiones que pretenda tomar.

3. Modo de comparación

Para entender éste metaprograma vea la siguiente figura y describa la relación entre las tres.

90

Modo de comparación

Este tipo de metaprogramas ayuda a entender la manera cómo el cliente ve las situaciones de la vida y cómo las asimila. Algunos buscan las semejanzas y otros las diferencias. Las personas que tienden a buscar las semejanzas no les suele agradar el cambio. Sucede lo contrario a aquellos que ven la diferencia en las figuras, son más proclives a buscar el cambio. Tener claro este metaprograma y estar consciente de sus implicaciones es vital a la hora de aceptar un trabajo o una relación. En el caso de la contratación de personal este meta programa juega un rol de importancia, ya que no sería recomendable contratar una persona que busca las semejanzas en una posición donde se exige un cambio constante en la forma de hacer el trabajo.

4. Motivación de tareas

Aquí el punto es definir si la persona lo mueve la necesidad de hacer algo o la posibilidad de hacer algo. En la sección de la inteligencia financiera hablamos que la mayoría de las personas van a trabajar por necesidad y por el miedo a no poder cumplir sus deudas. Cuando hay una necesidad de algo se acepta lo que hay en el mercado. Sin embargo, aquel cliente motivado por la posibilidad hará lo que quiere hacer. Hay posibilidades de crecimiento, de aprendizaje y por ende de una mayor realización. Conforme al metaprograma que el cliente posee, dependerá la toma de decisiones a nivel laboral en cuanto al tipo de trabajo que prefiera hacer. Lo mismo se aplica en las relaciones personales. Si usted es una persona amante de lo conocido probablemente lo moverá la necesidad de tener una relación íntima estable.

91

5. Convencerse de algo

Está relacionado con el sistema de representación del cliente y también de la frecuencia. La PNL distingue tres tipos de personas, según el canal con el cual prefiere usar para percibir el mundo y aprender. Por ejemplo, si un Coach pregunta a su Coachee ¿Qué lo estresa en su trabajo?

El cliente cinestésico responderá que su cuerpo esta sin energía y que su corazón palpita rápidamente.

El cliente visual dirá que él ve como el mundo se viene abajo.

El auditivo dirá que hay algo que le dice que ese trabajo no es para él o para ella.

Posteriormente se le preguntará sobre la frecuencia que se estresa en el trabajo: seguidamente, varias veces, pocas veces.

Un cliente estará convencido cuando lo que piensa está alineado con su sistema de representación y con la frecuencia que de acuerdo a su persona él o ella necesita para convencerse sobre dicha situación.

Modelos de pensamiento

Son aquellos que nos ayudan a discernir sobre el tipo de pensamientos que se hallan presentes en el cliente y de qué manera generan o controlan su conducta. El coach genera un pensamiento reflexivo usando preguntas poderosas para que él reflexione. Este pensamiento permite ordenar las ideas y tomar consciencia de ellas. Por su lado, el pensamiento analítico, encuadra la realidad para pensar mejor. Hace uso de las igualdades y diferencias de determinada situación. El cliente que posee un pensamiento lógico expresa en forma ordenada las ideas lo cual lleva al convencimiento, usa los argumentos para

92

llegar a la razón y hacer conclusiones. Por su parte, el cliente que hace uso del pensamiento crítico tiene su base en los valores y creencias que posee. La persona con pensamiento analógico busca similitudes entre personas o situaciones que aparentemente son diferentes o diferencia entre situaciones similares. El pensamiento sistémico opera con datos, ideas y busca establecer relación de orden. Por ejemplo: Me levanto, desayuno y voy a trabajar. El cliente con pensamiento creativo se caracteriza por crear posibilidades ante determinado problema. Es el modo de pensar para tomar decisiones una característica del pensamiento deliberativo. Finalmente si un cliente desea tomar acción hará uso del pensamiento práctico.

Pregúntale a tu subconsciente. ¡Es gratis!

Mente consciente y mente subconsciente

Después de haber abordado un poco sobre PNL será más fácil para el lector entender la importancia del subconsciente en el manejo del estrés. Quisiera comentarles que el conocimiento sobre el subconsciente y la aplicación de algunos ejercicios me han ayudado a sobrellevar algunas situaciones en mi vida personal y laboral. Estoy agradecida con la vida porque dicho conocimiento y entendimiento sobre el subconsciente me ha permitido reaccionar de manera diferente brindándome paz, fe, y alegría. ¡Es impresionante! Esto aplica en toda persona que tiene un cerebro y facultades mentales para llevarlo a cabo. Usted es esa persona. Bueno, entonces prepárese para este viaje a su subconsciente que además es ¡gratis!

Me gustaría aclarar en esta sección del libro que este tema no está orientado al obscurantismo ni misticismo. Es simplemente una realidad que todos poseemos pero muchas veces desconocemos. En su famoso libro *El Poder de la Mente Subconsciente*, el autor Joseph Murphy nos deleita explicándonos de forma sencilla y enriquecedora los beneficios que nuestra propia mente nos brinda.

Esclarece que "...nuestra mente tiene dos niveles: el consciente (o nivel racional), y el subconsciente (o nivel irracional). Usted piensa con su mente consciente y todo lo que piensa normalmente se hunde en su mente subconsciente, la cual se crea de acuerdo con la naturaleza de sus pensamientos. Su mente subconsciente es la morada de sus emociones y constituye la mente creativa. Si piensa usted cosas buenas, las cosas buenas sucederán; si piensa usted cosas malas, las calamidades ocurrirán". Así de sencillo.

Todas las personas, sin importar la raza, genero, religión, estamos inmersas en una lucha constante de pensamientos. Pensamientos que nos pueden hundir o sacar a flote. Pensamientos que nos pueden enfermar o sanar; que nos brindan calamidades o alegrías; que nos llevan a la carencia o a la abundancia. Cabe preguntarse ¿Qué tipo de pensamientos predominan en usted?

Recordemos una vez más que cuando la mente consciente acepta una idea el subconsciente comienza a llevarla a cabo. El subconsciente no diferencia bromas, ni mentiras, ni errores, ni verdades. Si la persona ordena de forma convencida algo que desee ésta ejecutará dicha orden. Joseph Murphy explica que "...todo lo que reivindique y sienta como verdadero mentalmente, lo aceptará su mente subconsciente y lo incorporará a su experiencia". Además, nos informa en su libro que los psicólogos y psiquiatras señalan que cuando los pensamientos se transmiten a la mente subconsciente, surgen impresiones en las células cerebrales. Por eso tan pronto como su subconsciente acepta una idea, procede a realizarla inmediatamente.

Piense en todas las funciones vitales que se llevan a cabo en el organismo como ser la respiración, la circulación, procesos de digestión, etc. La mente subconsciente lleva a cabo todo ese trabajo. Nunca para de trabajar. La mente consciente la usamos al momento de tomar decisiones: comprar una casa, un auto, estilo de decoración de la casa, etc. La mente subconsciente no razona, no discute, solo obedece. Pero también nos protege, nos sana de las enfermedades y nos desea lo mejor. Seguramente alguna vez en su vida se ha lastimado una parte de su cuerpo. Es la mente subconsciente encargada de recuperar y cerrar esa herida.

La mente consciente es objetiva y aprende a través de la práctica, la observación y la educación. Se vale de los cinco sentidos. Su objetivo es razonar. La mente subconsciente o subjetiva percibe por intuición. Se le conoce como el almacenamiento de la memoria y donde habitan las emociones. Y como mente subconsciente no argumenta si le damos sugerencias equívocas, por lo que la cautela en lo que le ordenamos es sumamente importante. Si ha transmitido ideas erróneas a su mente subconsciente lo ideal es repetir pensamientos positivos, pensamientos llenos de armonía de manera que su mente subconsciente los acepte y por ende obtendrá nuevos y saludables pensamientos, es decir nuevos hábitos de pensamiento. Si alguna vez ha tenido la oportunidad de ver como entrenan los atletas se dará cuenta que estas personas no solo poseen una excelente condición física sino también mental. Han trabajado con su subconsciente de manera habitual donde han programado pensamientos positivos, pensamientos de excelencia, pensamientos de logro y por ende de éxito.

¡Usted es un guerrero!

El largo metraje *El Guerrero Pacifico* (The Peaceful Warrior) trata sobre la historia del famoso gimnasta americano Dan Millman. En esta película hay un personaje llamado Sócrates quien representa la mente subconsciente del joven atleta y permite que dicho joven logre su sueño más grande: Participar y Ganar la medalla de oro de las Olimpiadas. Dan Millman pierde una pierna en un accidente de motocicleta. El uso de una prótesis fue inminente, cosa nada fácil de concebir en la mente de cualquier persona y no digamos de un atleta.

A pesar de su incapacidad física, dicho joven logra su meta. En una escena de la película Sócrates le dice: "Quiero que dejes de buscar información en el exterior y busques la información en el interior". Como se dijo anteriormente, una de las primicias de la PNL es que todos tenemos los recursos necesarios para lograr nuestros objetivos. Es por eso que cuando Sócrates le dice que busque la información en su interior le está diciendo busca tus recursos, el poder que tienes dentro de ti mismo, las habilidades y capacidades que están en tú interior. En otras palabras le está diciendo escucha tu subconsciente, ahí está la respuesta.

Como Coach sentimos la obligación de enseñar a nuestros clientes a "alimentar" adecuadamente su mente a través de pensamientos positivos que promuevan lo mejor de ellos. Pensamientos de abundancia que los conducirán a la riqueza interior. No podemos ocultar una realidad y es que en nuestras vidas siempre están ocurriendo circunstancias que nos distraen de lo que realmente es importante. Nuestros clientes probablemente también vendrán con muchas ideas vagas, ideas que traen de su pasado o preocupaciones de su futuro incierto. Estos pensamientos y emociones pueden llegar a confundirlos de lo que realmente quieren en sus vidas porque no son capaces de escuchar su voz interior y de vivir el aquí y el ahora. Cuando las personas no son capaces de vivir el presente se llenan de angustias y preocupaciones innecesarias, este de por si es un hábito mal adquirido que se modificará o eliminará a través de las sesiones de Coaching.

El poder de la sugestión

La mente consciente como "el guardián de la garita", tiene como función principal proteger su mente subconsciente de falsas impresiones[5]. En otras palabras, el autor nos invita a pensar que el subconsciente es receptivo a la sugestión. Como ya hemos aprendido, la mente subconsciente no entiende si algo es verdad o mentira, bueno o malo, no razona ni piensa por su cuenta. La mente subconsciente reacciona ante todo lo ordenado por la mente consciente.

Para ejemplificar este hecho, vamos a suponer que usted es un Jefe del Departamento de Ventas de una empresa de automóviles y se le acerca a uno de sus empleados cuyas habilidades en las ventas no son las más favorables. Últimamente los índices de ventas de dicho empleado están empeorando y esto lo está estresando ya que ha escuchado decir que habrá recorte de personal. Sigamos imaginando que usted se entera que su subordinado ha estado padeciendo de dolores en la boca del estómago e incluso ya ha faltado unas cuantas veces a su trabajo en los últimos días. Se le acerca a él y le comenta de forma directa "No te veo muy bien. Pareces enfermo y tu rostro refleja preocupación. Probablemente necesites ir al médico a que te examine". Bajo las condiciones descritas, el empleado puede volver a manifestar dolor en la boca del estomago, a quejarse de los mismos síntomas que ha padecido anteriormente y a aceptar su recomendación. Su sugerencia de enfermedad se asocia con sus propias preocupaciones y pensamientos negativos que ha estado teniendo. No todas las personas reaccionarán de la misma manera ante dicha sugestión. Si usted le comenta esto mismo al mejor vendedor de la sala de exhibición su sugestión no tendrá validez. Pero ¿qué es una sugestión? Según la definición otorgada por Wikipedia, la sugestión es "...la denominación dada al proceso psicológico mediante el cual personas, medios de comunicación, libros, y toda clase de entes que manipulen conceptos y sean capaces de emitir información pueden guiar, o dirigir, los pensamientos, emociones, sentimientos o comportamientos y estados físicos de otras personas".

Cabe mencionar que no se puede imponer nada en la mente de una persona si esa no es aceptada por la mente consciente. La mente consciente puede abrir o cerrar las puertas para dicha sugestión. Si un cliente piensa fehacientemente que "el estrés lo está matando" y es un pensamiento repetitivo y creíble para él, dicho cliente requiere cambiar su creencia sobre el estrés de manera inmediata antes de que el estrés realmente le ocasione una enfermedad grave que lo conduzca a la muerte. Hay que asegurarse de dar a nuestro subconsciente solamente sugerencia que nos brinden bendiciones y que nos inspiren para vivir de manera plena.

La Autosugestión

Por otro lado, la autosugestión cumple un papel fundamental en todas las áreas de un individuo y no digamos que solo afecta la salud.

Una buena técnica para la autogestión

Imagine que desde hace seis meses usted está teniendo una experiencia laboral desagradable. Su ambiente de trabajo es hostil, su jefe le reprocha constantemente, la envidia inunda las cuatro paredes de su oficina...en fin esta situación le está provocando cierto nivel de estrés laboral que lo conduce a padecer de insomnio, migrañas y está irritado constantemente. Una buena técnica para la autogestión seria hacer lo siguiente todas las mañanas antes de salir a su trabajo y varias veces al día:

1. Tranquilizar su mente y su cuerpo. Visualizar que todas las partes de su cuerpo están relajadas y que su mente está tranquila. Trate de enfocarse en algo agradable evitando dar vuelta una y otra vez a lo que le está aquejando.

2. Contrarreste la sugestión del miedo de ir a trabajar diciéndose: "Hoy tendré un día maravilloso. Estoy equilibrado, sereno y la envidia está lejos de mi."

3. Repita la oración anterior lenta y tranquilamente. Sienta esas palabras. Repítalas cuantas veces sea necesario durante el día y antes de dormir.

4. Agradezca a su subconsciente la ayuda que le brindó. Recuerde que es su amigo.

Ante cualquier pensamiento o creencia que usted tenga, invierta el pensamiento o creencia y practique la autogestión inducida. Por ejemplo, si su hijo adolescente esta comportándose de manera muy rebelde en lugar de decir: "Mi hijo me quita la paciencia", diga: "A partir de hoy le tengo paciencia a mi hijo al cual amo y el amor todo lo puede". Use los pasos anteriores para que se impregne en su subconsciente y la autogestión lo llevará a cabo.

El subconsciente y su salud

A estas alturas de la lectura del libro, quizás esté más consciente de usted mismo y de lo que el estrés ha podido o puede provocar en su vida, en su salud o la de sus seres queridos. Anteriormente se mencionó que el subconsciente controla los procesos vitales y funciones de su cuerpo. Nos quedaríamos maravillados al ver como la mente subconsciente puede trabajar a favor de nuestra salud. Para ello, quiero invitarlo querido lector, a que se ponga cómodo, se relaje y lleve a cabo el siguiente ejercicio brindado por el Mentor Coach Edmundo Velasco con algunas adaptaciones necesarias para continuar con la misma sintonía de la lectura.

Técnica: Comunicándote con el síntoma

Objetivo: Permitir al cliente o al lector una comunicación directa con su síntoma.

Resultado: El cliente logrará descifrar del porqué de su síntoma. Se considera que el síntoma es un aviso que nos está brindando el subconsciente para prevenir o eliminar una enfermedad.

Aplicación: Sugiero seguir cada uno de los siguientes pasos buscando un lugar tranquilo, sin distracciones, en silencio.

Pasos para la ejecución de la técnica:

1. Relajación. Respire lenta y profundamente. Inhale y exhale. Inhale paz, salud y felicidad. Exhale negativismo, enfermedad, tristeza. Repita este ejercicio de relajación varias veces hasta que se sienta calmado y relajado.

2. Sentado cómodamente con los ojos cerrados imagine el síntoma al frente de usted: deje que la imagen se forme sola, aparecerá de manera espontánea. Es vital ver, sentir y escuchar el síntoma. Considere no imaginar la forma del estómago, del cerebro o el órgano donde está el síntoma. Fíjese si tiene cierto tipo de olor, textura, y sonido.

3. Teniéndolo al frente le presta su voz y le pregunta ¿Cuál es la intención positiva por la cual estás en mi cuerpo? ¿En qué me quieres ayudar? ¿Qué me quieres decir? ¿Cuál es la razón por la que apareciste en mi vida? Puede ser que le conteste, puede ser que no. Usted siga adelante con el ejercicio.

4. Pregúntele ¿Qué quiere que haga o deje de hacer? Dígale que usted sabe que está para algo en su vida y que es para algo excelente. Si contesta o no, siga adelante.

5. Ahora imagine que sale del cuerpo y flota por el aire y se convierte en el síntoma. Con las mismas características que se formó, es decir si al inicio era una bola morada brillante, váyase flotando con esa forma, es el síntoma, escúchelo ¿Qué le dice? ¿Qué siente siendo usted el síntoma?

6. Conviértase en el síntoma. Ahora va a ver a la persona que tiene en frente, que es usted mismo. Siendo síntoma, usted si sabe para qué está en su propia vida. Se dirá a sí mismo como síntoma para qué está en su propia vida y lo dirá con sinceridad absoluta. Por ejemplo, quiero avisarte que si no cambias determinada situación, actitud o pensamiento vas a enfermar o los síntomas incrementarán.

7. Ahora regrese a su cuerpo viendo al síntoma de frente. Ya sabe para que está en su vida. Ya sabe qué tiene que cambiar en su vida, cómo alimentarse, ejercitarse y qué

conducta o comportamiento adquirirá de ahora en adelante. Este es el momento dónde usted se entera cuál es la misión de ese síntoma en su vida.

8. Ahora es sumamente importante negociar. Ejemplo: "Me pides que descanse y sí lo voy a hacer de tal manera que ya no estés en mi vida". Ofrezca solamente aquello que pueda cumplir, de lo contrario es probable que se incremente el síntoma. No tenga miedo y pregúntele al síntoma si le parece buena la negociación.

9. Una vez negociado mire un calendario, sobre todo si está tomando algún medicamento con la posibilidad de ver si el médico rebaja la dosis.

10. Finalice agradeciéndole al subconsciente por la señal que le ha enviado y pídale que cada vez que haya algo mal le envíe una señal para que rectifique su andar.

11. Verá que a medida que la negociación se va cumpliendo el síntoma va disminuyendo o eliminando. Siéntese al frente del síntoma el primer mes para ver su evolución.

Indicaciones al subconsciente. ¿Dios?

Como ya hemos visto anteriormente, si el consciente brinda indicaciones claras al subconsciente, este llevará a cabo lo que le pedimos. Esta cualidad es dada por la vida, por Dios. En la Biblia hay varios pasajes que hablan sobre creer y confiar en lo que pedimos. Yo he descubierto, a través de mi propia experiencia, que el tema del subconsciente no está aislado de Dios. Porqué estarlo si El lo creó para nuestro propio beneficio.

Le podría sonar extraño a un nuevo cliente o a usted estimado lector, llegar a apropiarse con este concepto porque probablemente difiera debido a sus creencias religiosas o espirituales. Personalmente, léase bien, personalmente hablando, he concluido que es Dios o su espíritu el que nos guía, nos habla y nos sana. Nuevamente aclaro, es mi opinión personal, creo que en el subconsciente habita Dios o es Dios en mí y en usted.

En una de las partes del evangelio, Jesús dice "Pidan, y se les dará; busquen, y encontrarán; llamen, y se les abrirá. Porque todo el que pide, recibe; el que busca, encuentra; y al que llama, se le abre" (Mateo 7:7-8). También encontramos en las sagradas escrituras este pasaje: " Y todo lo que pidiereis en oración, creyendo, lo recibiréis"(Mateo 21: 22). O este famoso versículo: " Jesús les dijo: Porque de cierto os digo, que si tuviereis fe como un grano de mostaza, diréis a este monte: Pásate de aquí a allá, y se pasará, y nada os será imposible" (Mateo 17: 20).

Estos tres pasajes son ejemplos de creer firmemente en algo para que suceda. Dios, a través de estos versículos nos está diciendo confíen en mí, confíen en que sus problemas se resolverán. He experimentado que cuando creemos en algo con "los ojos cerrados", como comúnmente se dice, nos sentimos plenamente confiados viviendo en paz y tranquilidad porque sabemos que todo estará bien. Lo mismo puede llegar a suceder en la vida de un cliente, que al cambiar su forma de pensar y al confiar en su subconsciente empiece a ver las respuestas a sus problemas, a su salud. Sin ansiedad y estrés podrá ver más objetivamente su situación. Por eso afirmo que la relación del subconsciente y de Dios nos conduce a lo mismo. Dios vive en nosotros porque somos su creación y El desea lo mejor para sus hijos. El nos ha dado los recursos necesarios para vencer los obstáculos.

El entender y hacer uso de la mente subconsciente es poner en manifiesto el poder de Dios, que habita en nosotros, sin embargo, cabe aclarar que no somos Dios.

La causa de las enfermedades

Las personas se enferman debido al estrés. Este es una aseveración que cada vez más personas aceptan y creen.

Según Joseph Murphy, "...la causa de las enfermedades está en la mente. Por lo tanto la curación de la enfermedad también puede ocurrir en la mente".

Muchos profesionales de psicología, quiroprácticos y miembros de las iglesias creen que para la sanación el único poder universal es el que habita en la mente subconsciente. "El poder de curación es una actitud mental precisa, positiva; una actitud interior, o modo de pensar, llamado fe", explica Murphy. Cada vez que plantamos una semilla en nuestra mente esta dará frutos. Si constantemente una persona planta en su mente la idea de que su trabajo lo estresa y por eso se siente deprimido e irritado, eso mismo obtendrá. Por tanto, seamos cuidadosos en lo que pensamos y decimos ya que eso es lo que alimentará a nuestro subconsciente y recuerde: El no sabe si algo es cierto o no, bueno o malo, el solo ejecuta lo que el consciente le ordena.

Los profesionales de la psicología y psiquiatría no curan a los pacientes. Es la capacidad que tienen estos de desbloquear ciertos paradigmas mentales para que inicie el proceso de sanación. En el Coaching sucede lo mismo. A través de la guía y usando las herramientas necesarias, el Coachee podrá disminuir o eliminar los síntomas de sus enfermedades usando las técnicas y estrategias expuestas anteriormente.

Además, las creencias, tal como lo vimos en el Capítulo 2, harán que el poder de la mente subconsciente se distribuya en todas las fases de la vida conforme a los patrones de pensamiento que el cliente posea. Entonces eliminemos las creencias que causan preocupaciones, ansiedades y molestias físicas. Es más sensato creer en tener salud, prosperidad, paz y felicidad.

Quiero compartir algunas técnicas sugeridas por Joseph Murphy con ciertas modificaciones efectuadas por mi persona con el propósito de crear hábitos que mejoren el diario vivir de los lectores, especialmente si usted padece de alguna enfermedad.

1. La oración. Es el deseo sincero del alma. Una oración llena de fe y convicción permite que lo que pidamos se lleve a cabo. Es una gran ventaja aprender a orar para que estar surta el efecto deseado. Hay muchas técnicas de oración que pueden ser encontradas en el internet o en libros destinados para este fin.

2. La técnica del encargo para impregnar el subconsciente. Consiste en inducir al subconsciente a hacerse cargo del ruego, de la oración, del deseo que existe en nuestras almas. Este encargo posee un mayor impacto cuando se lleva a cabo en un estado de ensueño. Esa técnica se utiliza con total sencillez e ingenuidad. Imagínese que usted es un pequeño niño que siente esa confianza de que todo pasará porque papá y mamá están con usted. Se siente seguro, confiado. Encárguele su enfermedad a su subconsciente. Pídale que elimine esa molestia y que a cambio de ello usted tomará medidas inmediatas para no padecer más con ese síntoma.

3. La técnica de la visualización. En algún momento de su vida ha utilizado esta técnica probablemente sin darse cuenta. Cuando visualizamos algo, estamos imaginando lo que deseamos o no deseamos que pase en la realidad. A veces estamos tan absortos en esta visualización que entramos en un estado de trance. ¿Le ha pasado alguna vez que maneja su automóvil y esta tan desconectado de la realidad pensando en alguna situación y de repente ya ha llegado a su destino? Durante la visualización podemos ver detalles de las imágenes en nuestra mente y percibir muchas sensaciones. Esta técnica puede ayudar a una persona a sentirse mejor físicamente o emocionalmente si lo practica de manera metódica. Destine un tiempo en el día, preferiblemente por la mañana, recién se despierte o por la noche cuando este durmiendo y visualice cada detalle de cómo usted desea estar. Recuerde que en la PNL lo que se ve, escucha y siente son elementos sumamente importantes para lograr el efecto necesario. Por eso, trate

de visualizar esa imagen deseada a colores y con detalles claros. Trate de escuchar lo que usted se dice o lo que otras personas le dicen. Sienta esa armonía en su cuerpo, en su ser. Una vez que haya impregnado esa visualización en su mente permanezca fiel a esa imagen. Que nada ni nadie se interponga entre esa imagen y el objetivo que usted desea lograr. Verá como muy pronto usted sentirá la paz, amor, y la confianza que anda buscando.

Adaptando y modificando la técnica de visualización a una experiencia personal

Una colega muy querida y yo nos estábamos preparando para iniciar el lanzamiento de una serie de talleres muy importantes ante un grupo de mujeres. Se estaba acercando la hora de iniciar el taller y mi corazón no dejaba de latir como si acabara de finalizar una maratón. Literalmente, se podía ver mi corazón latir a través de mi blusa. No es una sensación muy agradable que se diga. Ante esta situación mi colega me condujo a través de esta técnica de visualización y esto fue lo que sucedió:

Cerré mis ojos y empecé a respirar calmadamente, una y otra vez hasta llegar a un punto en donde la sugestión puede jugar un papel muy importante. En una imagen de tamaño de un televisor me visualicé parada enfrente a ese grupo de mujeres. Me veía a mi misma a colores, con la ropa que tenía puesta en ese momento, de pie ante el público hablando con mucha confianza, seguridad, entusiasmo y serenidad. Observaba a este grupo de señoras muy receptivas, atentas e interesadas en lo que les estaba comunicando. Seguidamente esa imagen la agrandé, era de tamaño normal y podía percibir más detalles de ese momento deseado. Recuerdo lo que me decía cuando estaba haciendo ese ejercicio: "Todo saldrá bien y tu corazón vuelve a su normalidad". Veía que estando frente a este grupo de señoras movía mis manos de un lado a otro, les hacía preguntas y ellas respondían muy contentas a mis cuestionamientos. Escuchaba sus comentarios y voces. Seguidamente, esa imagen se tornó aún más grande como del tamaño de una pantalla de cine.

Y ahí estaba yo, viéndome muy segura de mi misma, sentía tranquilidad, confianza y manejando la situación con excelencia. Me escuchaba decir "Lo estás haciendo muy bien". Escuchaba el sonido de mi propia voz y el gozo de sentir de hacer lo que había anhelado por mucho tiempo. Luego, esa imagen se convertía en una imagen panorámica y me veía por todas partes arriba, abajo, a los lados. Me veía sumamente segura y confiada. Percibía cada detalle de ese lugar. Observaba el público muy atento e interesado. Al finalizar, dejé que esta imagen impregnara todo mi ser y cuando estuve lista abrí mis ojos. Los latidos de mi corazón eran normales. Al momento de empezar dicho taller, estaba invadida por esas mismas imagines que recreé en mi mente. Ese y los futuros talleres estuvieron llenos de tranquilidad, seguridad y gozo. Una vez más me convencí como el poder de la mente subconsciente puede trabajar a nuestro favor. ¡Es un gran aliado!

Este sencillo ejercicio puede ser adaptado a cualquier otra situación de nuestras vidas. Si usted está pasando por alguna situación que le esté causando estrés, este tipo de ejercicios le serán de mucha utilidad. Es una forma de programar la mente con ideas y pensamientos positivos que le harán sentir mejor. Recuerde lo que decía William James, el padre de la psicología americana: "La mente subconsciente puede hacer real cualquier imagen concebida en la mente y respaldada por la fe, actúa como si estuviera, y estará". Esta herramienta del Coaching también es sumamente efectiva. Póngala en práctica y se convencerá de su resultado.

La técnica de Baudoin.

Según explica Murphy, Charles Baudoin fue profesor del Instituto Rousseau en Francia. En 1910 enseñó que una manera eficaz de impresionar a la mente subconsciente es entrar en un estado de aletargamiento y somnolencia. Es decir estar en un estado en que el esfuerzo es mínimo para transmitir la idea al subconsciente de manera tranquila, pasiva y receptiva.

Lo que sugería dicho psicoterapeuta e investigador era condensar la idea que sería objeto de sugestión. Planteaba usar una breve frase que pueda grabarse de manera fácil en la memoria y repetirla una y otra vez como una canción de cuna. Por ejemplo, supongamos que un Coachee nos presenta un problema laboral. No está contento con su puesto de trabajo actual porque siente que merece una promoción debido a su capacidad, experiencia y antigüedad laboral. El Coach puede sugerirle que condense la idea de su necesidad en una frase de pocas palabras, fácil de ser grabada en su memoria. Un ejemplo de esta frase podría ser: "Ya tengo una nuevo puesto de trabajo". Este ejercicio se repite cada noche durante 21 días de forma sistemática. Este tipo de ejercicios sosiegan la mente del cliente porque entrega con confianza a su subconsciente dicha petición. Muchas personas no logran ver resultados de sus peticiones usando este y otro tipo de técnicas porque lo hacen usando la coacción y prevalece el sentimiento de duda.

La técnica del sueño

Antes del sueño y justo después de despertarnos es cuando más aflora el subconsciente. Repita las palabras que desee se lleven a cabo. Por ejemplo, si usted quiere incorporar un buen hábito, antes de dormir y despertarse haga dichas repeticiones, unas diez veces. Es así como usted inducirá al subconsciente a aceptar la idea.

La técnica de dar gracias.

La mayoría de las personas a las que conozco le dan gracias a Dios, a Jesús, al Padre Celestial. Si usted como padre o madre le promete un regalo a su hijo éste estará sumamente agradecido sin haberlo visto o tenido en sus manos. Su hijo o hija confía en que usted se lo dará porque hizo una promesa. En la Biblia hay muchas promesas hechas por Dios, sin embargo las desconocemos o no creemos en ellas. Es más fácil como humanos creer lo que vemos, en este caso el hijo creerá fielmente en su padre porque lo ve. Agradezcamos lo que estamos pidiendo como si ya lo hubiésemos recibido. Agradecer con alegría y confianza. Supongamos que una persona está llena de deudas, no tiene trabajo y debe de alimentar a su familia. Teniendo en cuenta esta técnica, la persona podría decir: "Gracias Padre por mi riqueza". Esta frase se repetirá con confianza y gozo hasta el punto de vivir en carne propia ese agradecimiento, de gozar como si estuviera viviendo el momento. Pudiera ser que surjan miedos, dudas o ideas de pobreza pero no hay que dejar vencerse. Hay que mantenerse firme ante el agradecimiento.

El método afirmativo

Comúnmente escuchamos a las personas decir: "Estoy muy estresada", "Mi jefe me estresa mucho", "El trabajo que tengo demanda mucho y me estresa" y así sucesivamente. Cada vez que hacemos este tipo de comentarios estamos reforzando esta afirmación por ende así será. En cambio, si en lugar de decir "Estoy estresada" digo: "Estoy libre de estrés", el subconsciente acatará esto como una orden y los cambios empezarán a dar el efecto deseado. Es anormal estar estresado, es normal estar sin estrés. Esa es la verdad.

La corriente del subconsciente

Cada persona es responsable de los pensamientos que genera. Si hay pensamientos pesimistas, de miedo, celos y mala voluntad estos limitarán la existencia de las personas. La forma de no tener este tipo de pensamientos es simplemente evitarlos, substituir ese pensamiento negativo por uno positivo. El subconsciente lucha por nuestro bien, por la armonía y donde hay armonía hay salud perfecta. Por eso, si hay pensamientos que no van con el principio de la armonía aparecerán pensamientos sofocantes y agitantes que seguramente lo enfermarán y en algunos casos hasta provocaran la muerte.

Para lograr el estado óptimo, la persona necesita que el subconsciente acepte la idea o ruego viviéndolo y sintiéndolo como que si fuera realidad. En muchas ocasiones confundimos a nuestra mente subconsciente con nuestros propios pensamientos. Seguramente usted ha escuchado a alguien decir: "No sirvo para nada", "Esta compañía no sirve", "Soy un inútil", "No veo la salida". Este tipo de afirmaciones no permiten que la mente subconsciente le ayude a avanzar. Es como si alguien le pidiera una receta para elaborar el pastel favorito de su hijo y usted le cambia los ingredientes cada segundo.

Lo mismo ocurre cuando trabajamos con la mente subconsciente, por eso de la urgencia de instaurar una idea clara en la mente de las personas. Así se logrará una solución al problema de la enfermedad que usted padece. La inteligencia infinita de la mente subconsciente puede darle la respuesta. Escúchela. Esta mente sabe cómo solucionarlo, pero hay que tomarlo con calma, no hay que presionar. Su nueva idea funcionará como algo que se está ejecutando en este preciso momento, no ha futuro. Seguramente su raciocinio querrá interferir pero recuerde hay que creer como un niño. El camino sencillo es el mejor. Recordemos este pasaje bíblico "Y todo lo que pidiereis en oración, creyendo, lo recibiréis"(Mateo 21: 22).

Coue, un famoso psicólogo francés, definió la ley del esfuerzo invertido: "Cuando sus deseos e imaginación entran en conflicto, su imaginación invariablemente es la que sale airosa". Esta afirmaciónes poderosa debiendo estar en nuestra mente para recrear a menudo imágenes y pensamientos de poder y de abundancia.

COACHING PARA EL MANEJO DEL ESTRÉS

Capítulo 5

DEJE ATRÁS EL ESTRÉS LABORAL Y FORTALEZCA SU DESEMPEÑO CON EL COACHING

El Coach como guía del Coachee, una realidad inminente en el trabajo.

Es imperativo conocer de que manera la demandas del trabajo resultan ser causantes del estrés laboral en los empleados. De acuerdo a Miguel Ángel Gómez Mompeán, hay una serie de aspectos que pueden ocasionar estrés laboral. Estos aspectos serían tomados en cuenta durante las sesiones de Coaching lo cual brindará al Coach material importante para tratar durante las sesiones.

El siguiente formato ayudará al Coachee a encontrar probablemente las causas de su estrés en el trabajo. Pida al cliente colocar un puntaje del 1 al 10 para evaluar situación actual. Los puntajes bajos indican que ese aspecto del trabajo no está ocasionando estrés en su vida. A medida que se incrementa el puntaje también aumentará el grado de estrés que ocasiona esa situación en la vida del cliente.

Aspecto a Evaluar	Puntaje del 1 al 10
Sobrecarga de trabajo	
Ritmo de trabajo impuesto	
Ambigüedad de rol	
Conflicto de rol	
Carencia de rol	
Carencia de formación	
Futuro inseguro en el empleo	
Malas relaciones personales	
Falta de participación	

111

Contexto físico peligroso	
Grandes responsabilidades	
Realización de tareas peligrosas	

Una vez obtenido este puntaje, el Coachee y Coach diseñarán un Plan de Realización Personal (plan de acción) teniendo en cuenta sus valores, los resultados del eneagrama, el FODA y otros recursos necesarios para que dicho plan se ejecute de la mejor manera posible y de forma realista. Los aspectos que reflejan un alto puntaje son los sugeridos a tomar en cuenta primero. Es aquí donde empieza la aventura del Coaching, que el Coachee logre su estado laboral deseado.

Es de importancia que el Coach esté familiarizado con algunas enfermedades que los empleados pudiesen manifestar a consecuencia del estrés.

1. Enfermedades por estrés agudo (de exposición breve e intensa):

Ulcera por estrés, estados de shock, neurosis post traumática, neurosis obstétrica, estado postquirúrgico.

2. Patologías por estrés crónico (de exposición durante meses o años):

Dispepsia, gastritis, ansiedad, accidentes, frustración, insomnio, colitis nerviosa, migraña, depresión, agresividad, trastornos sexuales, hipertensión arterial, infarto de miocardio, adicciones, trombosis cerebral, conductas antisociales, psicosis severas.

Ante esta serie de acontecimientos físicos que pueden afectar la vida de una persona, el Coach cuenta con las técnicas y herramientas que hemos visto en el transcurso de este libro para guiar a su cliente. Hacer uso de ellas ayudará de manera exponencial la vida de las personas que padecen de estrés en su vida personal y/o laboral.

Vale la pena recalcar que la autoconciencia y autoconocimiento al que se refirió el apartado anterior de inteligencia emocional son elementos preponderantes en la vida de los clientes, ya que dichos clientes necesitarán estar conscientes de cómo las emociones están afectando su salud física. Además, sabrán reconocer la manera más adecuada para manejar dicha situación para lograr su bienestar físico y emocional.

Estas afirmaciones corroboran la opinión de la encuesta efectuada por los participantes. El 91% de los encuestados opinó que la guía de un Coach puede generar beneficios en la vida de las personas en comparación con un 9% que opinó lo contrario. Es posible que este último resultado se deba al poco conocimiento sobre el término Coaching ya que el 33% manifestó no saber sobre dicho término (ver anexo).

El empleado: Recurso más importante de cualquier empresa, organización e institución.

Hace ya algunos años laboré en el área de Recursos Humanos en diferentes empresas de mi país. Como profesional de la Psicología contaba con los conocimientos y la experiencia que me permitían detectar el nivel de estrés de las personas con quienes mantenía contacto. En las diversas áreas donde el rol del departamento de Recursos Humanos juega un papel preponderante, pude percibir la manera en que el estrés afecta, tanto al potencial empleado que aspiran a una plaza de trabajo como al empleado en sí de las empresas. En este apartado brindaré un aporte más profundo del estrés en el área laboral y sus repercusiones en la vida de las personas y fuentes de trabajo.

Selección de personal

Las personas que aplican a una posición de trabajo se ven sometidas a cierto tipo de estrés. En primer lugar pasan por un periodo de incertidumbre desde el momento que aplican a una posición de trabajo. En la actualidad, las personas envían cientos de Hojas de Vida al departamento de Recursos Humanos para ser considerados como potenciales candidatos. La espera de una llamada o de un correo electrónico por parte del departamento de Recursos Humanos puede ser un agente de estrés para algunas personas.

Recordemos que cada persona es única y lo que pudiese afectar emocionalmente durante la espera a una persona a la otra quizás no le afecte. Una vez contactada la persona proceden las respectivas entrevistas, evaluaciones, revisión de antecedentes laborales y de antecedentes criminales. Todo este proceso pudiese afectar a aquellos que son psicológicamente más débiles, a quienes no poseen una autoestima alta o que carecen de las herramientas que hemos hablado a lo largo de este libro.

La guía de un Coach puede ayudar de manera importante a una persona que busca empleo o que quiere cambiar de trabajo o profesión. Existen tantas herramientas que pueden ser aplicadas a un Coachee para que este desarrolle la seguridad, el profesionalismo y la actitud que un candidato necesita para ser seleccionado en el puesto que desea trabajar.

Contratación

Se discuten los sueldos, beneficios, políticas entre otros temas. Es enfrentarse no solo a algo nuevo, sino también a una situación en la que la persona evaluará si la oferta laboral llena o no sus expectativas como futuro empleado de esa organización. Es necesario enfatizar en la importancia de la inteligencia financiera al momento de aceptar o no una oferta laboral. El sujeto requiere estar claro con la suficiencia de sus ingresos en función a satisfacer sus necesidades económicas, si es lo que espera y desea obtener a cambio del esfuerzo de su trabajo. En pocas palabras, si se sentirá contento de laborar allí, no solo por los beneficios económicos sino también beneficios emocionales que se relacionan con la seguridad y estabilidad laboral.

Si el candidato duda de que ese sea el lugar donde quiere trabajar para realizarse como ser humano y profesional, seguramente estará entrando a la cueva del lobo. Día a día estará sumergiéndose al estrés laboral inducido por la carente habilidad en la toma de decisiones y negociación ante la oferta realizada a su persona.

Capacitación

Una adecuada y oportuna capacitación para el personal de las organizaciones no puede dejarse a un lado. Los empleados requieren ser entrenados y capacitados para desempeñarse en su puesto de trabajo para conocer y dominar las funciones acorde al perfil de su puesto laboral. Por otro lado, se consideran futuras promociones laborales, para ello la planificación del desarrollo del personal juega un rol importante. Una de las fuentes de estrés laboral se origina al insuficiente conocimiento y dominio de las funciones del puesto de trabajo, lo cual puede originar problemas en el futuro de las organizaciones (demandas, rotación de personal, inconformidad y ausentismo).

Es importante hacer notar algunos de los beneficios que la capacitación logra en el personal:
- Ayuda a la persona a solucionar problemas y tomar decisiones.
- Favorece la confianza y desarrollo personal.
- Promueve la formación de líderes.
- Mejora las habilidades de comunicación y de manejo de conflictos.
- Aumenta el nivel de satisfacción en el desempeño del trabajo.
- Ayuda a lograr las metas individuales.
- Favorece un sentido de progreso en la esfera laboral y en la persona.

- Disminuye temores de incompetencia o ignorancia.
- Favorece la promoción hacia puestos de mayor responsabilidad.

Evaluación del personal

Tanto las evaluaciones formales como informales del personal pueden causar estrés tanto para el supervisor inmediato como para el empleado. Estar en el "banquillo de los acusados" no es tarea fácil, como tampoco lo es para los supervisores que carecen de confianza en sí mismos, que desconocen el puesto de trabajo de su subordinado o que simple y sencillamente no poseen rasgos de liderazgo y empatía.

Generalmente las evaluaciones crean estrés debido también a la inseguridad de las capacidades laborales, malas relaciones con el jefe, falta de autoestima, etc. Tener un desempeño aceptable puede significar aumento salarial, promoción de puesto de trabajo y bonos entre otros. De la evaluación del desempeño depende su futuro laboral en la organización o no.

Separación laboral

No es una tarea fácil de ejecutar para ningún jefe inmediato o Gerente de Recursos Humanos. Hemos visto en las noticias las trágicas consecuencias que puede conllevar esta situación en la vida no solo del empleado sino también en los miembros de su familia y las organizaciones. En muy pocas organizaciones el personal al separarlo del trabajo busca la guía de un Coach que le permita sobrellevar esa situación que afectará, como ya se mencionó, tanto al empleado como a su entorno. La recuperación ocasionada por el estrés de la separación laboral puede tomar varios días, semanas o meses depende de cada individuo y del tipo de apoyo que este reciba por parte de sus familiares y amigos.

Después de conocer la manera como el estrés afecta la vida de los actuales y futuros empleados de una organización, cabe añadir que según los resultados obtenidos en la encuesta, el 91% considera que la guía de un Coach puede generar beneficios en la vida de una persona en contraste con el 9% cuya opinión es contraria (ver anexo).

"La incertidumbre mata". Un caso real

Esta es una expresión comúnmente dicha en algunas sociedades especialmente en aquellos países donde la incertidumbre, inseguridad laboral, fiscal, política rige la vida de los ciudadanos. La incertidumbre laboral está a la orden del día en la mayoría de los países. En los últimos años en diversas partes del mundo existe una crisis financiera y laboral que afecta directa e indirectamente la vida de las personas y de la sociedad volviéndose esta más caótica y frágil.

Millones de personas en el mundo entero están inmersas en una situación laboral crítica la cual no puede ser negada.

Tuve la oportunidad de contactar a una colega Psicóloga para conocer su punto de vista sobre el Coaching y su efecto en el manejo del estrés de las personas.

A continuación hago referencia a los comentarios llevados a cabo por la Psicóloga Ela Patricia González referente al Coaching y estrés laboral. Dicha profesional de la Psicología labora en un ente descentralizado de un país de América Latina y se identifica al cien por ciento con la importante labor que éste ente lleva a cabo en su país.

Durante aproximadamente 13 años y medio se desempeñó como Jefe de la unidad de Recursos Humanos de dicho ente descentralizado. Cuenta que debido a las altas exigencia de su trabajo y la falta de capacitación no tuvo la oportunidad de escuchar hablar sobre el Coaching si no hasta hace poco. Explica que "…el problema de mayor estrés se dio después del 29 de junio del 2009, cuando el golpe de Estado condujo al país a una situación de retraso e incertidumbre. En el Instituto se generó la destitución del Gerente por Ley, lo que repercutió en la no culminación de los proyectos que se pretendían realizar ese año...trajo consigo división ideológica del personal, inestabilidad laboral y reducción de las finanzas del instituto por la baja afluencia de turistas".

Sigue explicando que "...los elevados niveles de estrés, la inseguridad jurídica del país anudado a los altos índices de violencia, produjo un incremento en el nivel de enfermedades psicosomáticas, división ideológica entre los empleados, desmotivación y bajo rendimiento laboral y violencia laboral, pues varios empleados se dieron a la tarea de difamar a sus compañeros colocando carteles ofensivos sobre estos, además de otros que se derivaban de la crisis política de ese momento. Para tratar de reducir los enfrentamientos ideológicos se realizaron varios talleres de manejo y control de estrés, de respeto e igualdad y se crearon medidas disciplinarias que imposibilitaban a los empleados agresión ·disfrazada hacia sus compañeros. Estas medidas fueron satisfactorias y mejoraron el ambiente o clima laboral de la institución, claro no remedió del todo la situación pues los grupos que antes compartían juntos en la hora de almuerzo, se fueran disgregando y limitándose a sus áreas de trabajo".

En el caso anterior no fueron elementos típicos que generalmente ocurren en las organizaciones que ocasionan estrés laboral. En el ejemplo brindado por la Licenciada González, se relacionan aspectos que incluyen la crisis política del país amenazando, no solo su estabilidad laboral pero también la dignidad de las personas e incluso la seguridad de la vida de los ciudadanos.

La profesional de la psicología continua informando que "El mayor nivel de estrés dentro de nuestra institución fue la no culminación de las metas estratégicas 2009- 2019, lo cual desmotivó profundamente al personal, pues varios proyectos con organismos internacionales cerraron antes de lo presupuestado y establecido...de igual manera el estrés produjo pérdida de recurso humano valioso que decidió retirarse de la Institución o fue trasladado, despedido por causas injustificadas y que todavía pelean sus prestaciones en los Tribunales de Justicia del país. En la actualidad existe temor de parte de la mayoría del personal de ser removidos de sus puestos debido a la situación política del país".

La incertidumbre mata y literalmente, lo puede llegar a hacer. Ante este tipo de realidades las personas, empresas privadas y el gobierno podrían crear estrategias de prevención para la disminución, manejo o eliminación del estrés en la vida de los trabajadores.

Tipos de estrés laboral

El estrés laboral se divide en dos tipos, en función de la duración y el alcance de las situaciones o factores estresantes. Se considera la individualidad de cada persona ya que cada una reacciona de manera diferente, lo cual tiene que ver con las experiencias previas en su vida, la inteligencia emocional, autoestima entre otros.

- Estrés laboral episódico

Este tipo de estrés se caracteriza por su corta duración y su naturaleza esporádica. Por ejemplo, un despido realizado a un empleado (el nivel de carga de trabajo vuelve a la normalidad y el trabajador encuentra una nueva oportunidad de empleo). Sus efectos negativos son apenas susceptibles, a menos de que este se prolongue por más tiempo dando lugar al estrés laboral crónico.

- Estrés laboral crónico

Se produce como consecuencia de una exposición repetitiva y prolongada a diversos factores estresantes. El Síndrome de Burnout o Síndrome del Trabajador Quemado se caracteriza por un progresivo agotamiento físico y mental, caracterizado por la carencia de motivación para ejecutar las tareas por parte del empleado y un cambio de actitud relacionado con un trato desagradable hacia sus compañeros de trabajo o miembros de la familia. Es propicio hacer notar que este tipo de síndrome suele darse con mayor frecuencia en aquel puesto de trabajo relacionado con terceros como: docentes, personal sanitario o personas que trabajan en atención al cliente.

Centros de trabajos saludables

El Síndrome de Burnout

Tuve la oportunidad de trabajar cuatro años en un pre-escolar y tres años como Maestra Bilingüe en el estado de Texas. Simple y sencillamente puedo concluir que no es un trabajo para cualquier persona. Mi respeto y admiración para las maestras y maestros en general. Espero que este apartado aporte beneficios tanto en el personal docente como administrativo de los centros educativos que a voces gritan estar estresados y que pocas veces ponen la atención que se merecen para reducir su nivel de estrés.

• Síntomas a nivel emocional

Cambio en el estado de ánimo: Este es unos de los principales síntomas del Síndrome de Burnout o Síndrome del Trabajador Quemado. Recuerdo como si afuera ayer la forma en que mi estado de ánimo cambiaba cuando fui víctima de este tipo de síndrome. Afectaba a mi trabajo y a la familia. Después de haber estado varias horas de trabajo con casi 20 niños de kindergarten y habiendo finalizado de planificar, organizar el salón, crear nuevos centros de aprendizaje concluía trabajando diariamente de 10 a 12 horas. Lo menos que podía hacer bien y con ánimo era atender a mi hijo que tenía casi la misma edad que mis estudiantes. Me fascinaba y todavía me fascina enseñar. Es una gran recompensa personal ver como los rostros de los niños se transforman ante algo que les impactó positivamente, ante un logro alcanzado y el dejar volar su imaginación. Sin embargo, las exigencias del trabajo sobrepasaron este gozo.

Ahora, siendo Coach, puedo entender las razones que me condujeron a ese nivel de estrés que me ocasionó una serie de complicaciones físicas y emocionales. Lastimosamente, en ese entonces no contaba con el conocimiento del Coaching y de sus valiosas herramientas las que me hubieran favorecido grandemente tanto como maestra, madre, esposa y por supuesto con mis estudiantes.

Como psicóloga y amante de la observación de la conducta de las personas, no puedo olvidar los rostros de mis colegas en los pasillos y sus comentarios debido al cansancio y estrés provocado por las inmensas responsabilidades del trabajo. También recuerdo haber estado irritable con los estudiantes. Miles de veces controlaba mis emociones, no deseaba hacerlos sentir mal...eran niños. Observaba a mis colegas y muchas de ellas también estaban padeciendo lo mismo.

Llegó el día en que tuve mi primera sesión de Coaching. La Coach me indicó una serie de ejercicios de Coaching y PNL y mi estrés empezó a disminuir, por lo tanto mi estado de ánimo volvió a la normalidad. En la actualidad sigo aplicando dichas herramientas cuando tengo una señal de estrés. El autoconocimiento y autoconciencia adquiridos durante este tiempo a través de las técnicas de Coaching han dado un vuelco en mi vida de ciento ochenta grados. Y todavía sigo aprendiendo.

Desmotivación. Es difícil desear ir al trabajo si no se conocen exactamente las razones por las cuales uno no desea presentarse a trabajar. Uno de los inconvenientes ante los problemas que podemos tener como seres humanos es la falta de autoconciencia y autoconocimiento, tal como hablamos en el apartado de inteligencia emocional. Siguiendo con mi ejemplo personal, recuerdo que por varias semanas la jornada laboral se hacía larga e interminable. No puedo olvidar las veces que me dirigía a mi trabajo con lágrimas en los ojos. Este era otra señal que ignoré. Mi cuerpo me decía que atendiera esa situación para que no empeorara. No escuche a mis síntomas.

<u>Agotamiento mental.</u> Los maestros que padecen este Síndrome del Trabajador Quemado, están tan agotados mentalmente que cualquier situación estresante hace que su organismo difícilmente haga frente al estrés.

<u>Falta de Energía y Rendimiento.</u> Un empleado con el Síndrome de Bournout no puede estar lleno de energía. El estrés evita que el organismo gestione de modo eficiente los recursos que dispone. Por lo tanto, entre más tiempo un docente esté expuesto al estrés son más las probabilidades de que pierda la memoria, que no tenga atención en su trabajo y sea incapaz de aprender nuevas habilidades.

- Síntomas a nivel físico

<u>Afecciones del sistema locomotor.</u> Debido a la tensión generada por el estrés muchos docentes padecen de dolores musculares y de articulaciones. En mi caso en particular, yo inicié con este tipo de afecciones dos días después de finalizar el año escolar, una vez que me relajé. Esto es normal en el organismo. Este problema se agravó más a medida que pasaban los días y yo todavía no entendía a qué se debía esta dolencia. Después de varios meses entendí las razones. Tuve diferentes tipos de tratamientos, hasta que empecé a tener sesiones de Coaching pude ver una gran mejoría.

<u>Otras alteraciones Psicosomáticas.</u> Recuerdo algunos de los síntomas que observé y observo en los docentes debido al estrés que les ocasiona su trabajo: Dolor de cabeza, gastritis, insomnio, alergias, depresión, ansiedad, mayor riesgo de obesidad, entre otros.

Propuesta de técnicas y estrategias de Coaching y PNL para el manejo del estrés con enfoque al personal docente.

Estrategia para el manejo del estrés

Supongamos que la Sra. Pérez es una maestra bilingüe de tercer grado y busca la ayuda de un Coach para disminuir el alto nivel de estrés laboral y personal que manifiesta tener. El siguiente cuadro es el resumen del resultado de la estrategia a tomar para disminuir su estrés.

Etapas	Componentes	Actividades
Diagnóstico Autodiagnóstico	Taquicardia, presión alta, irritabilidad, cansancio, falta de concentración, dolor de cabeza.	-Informar al Coachee sus padecimientos. -Uso de preguntas para toma de consciencia y auto reflexión. -Definición de su realidad.
Plan de acción	Definición del problema más acuciante.	-Cuestionario de su historia de vida. -Definición de sus valores. -Eneagrama de estrés. -FODA -Carta de empoderamiento.
Implementación De plan de acción	Definición de metas a corto plazo	Para lograr sus metas: ¿Cómo lo hará? (actividades) -¿Cuándo? (tiempo) -¿Con quién? -Costo *Ver capítulo 3
Monitoreo Evaluación	Cambio de actitud: Más relajada, optimista, viviendo el presente, poca angustia. Cambio físico: Poco o ningún malestar físico, control de sus dolores.	Ejercicios de PNL recomendable: Dialogando con tu síntoma Técnicas de relajación, incorporación de una rutina de ejercicios, uso de técnicas con los estudiantes que ayudarán a manejar el estrés.
Prevención y Resilencia	Autoconciencia y auto conocimiento.	A través de preguntas poderosas y técnicas aplicadas, el Coach llevará a la maestra a conocerse, a estar más consciente de sus límites y capacidades. El cambio de creencias limitantes a creencias

123

Etapas	Componentes	Actividades
		potenciadoras la conducirá a ser una persona capaz de afrontar las adversidades, en este caso el estrés.

Estrategia para el manejo del estrés

Técnicas

Las siguientes técnicas fueron practicadas por mi persona en la docencia con excelentes resultados. Esto no implica que no se aplique en otras áreas de trabajo.

Oración.

Es importante que el lector sepa que la actividad abajo descrita se llevó a cabo en una escuela pública cuyo objetivo no era evangelizar ni promover un tipo de religión. El enfoque es preparar a la persona a un mejor estado, el cual sobreviene de la convicción de que se tiene la fuerza, los conocimientos y la confianza en un ser supremo que puede guiarnos en cualquier ámbito de nuestras vidas.

La oración es efectiva ante cualquier situación en nuestras vidas. Con agrado recuerdo que en la escuela donde trabajé, la líder del equipo nos invitó a leer un libro de devocionales para maestros. Desde antes de iniciar el primer día de clases nos reuníamos quince minutos diarios a leer dicho devocional, cada quien se sentía libre de orar. Las enseñanzas eran preciosas y nuestra actitud hacia los niños era muy favorable y no digamos hacia el resto del equipo de maestras. Empezar con Dios como guía de nuestro día laboral es la mejor inversión de tiempo que pienso podemos tener.

Por otro lado, durante los momentos del día donde el nivel de estrés puede elevarse, es funcional orar. Tomará un par de minutos pero es efectivo. Este pequeño ejercicio nos programa a creer que la situación podrá resolverse, el momento difícil va a pasar y por ende pone en orden los pensamientos y las emociones que no favorecen ni al docente ni al estudiante.

Cambio de creencias.

Las creencias son la base de cualquier problema de salud que nos pueda acontecer. A continuación planteo una serie de creencias limitantes con las cuales usted pudiese identificarse. A la vez propongo creencias potenciadoras para que usted compare el efecto que brinda esta última en su propia psique.

Creencia Limitante	Creencia Potenciadora
Este año será estresante porque tengo un grupo de estudiantes con nivel académico bajo y con problemas de comportamiento.	Este año escolar estará lleno de salud y dicha ya que cuento con un grupo de estudiantes a los cuales podré sacar adelante y me llena de gran satisfacción.
El niño X me estresa por su manera de ser.	El niño X es una creatura de Dios. Es un niño y sé que merece amor y paciencia.
Mi equipo de trabajo es muy conflictivo.	Daré lo mejor de mí para trabajar en armonía con mis colegas.
La escuela y el estado demandan demasiado de las maestras.	Haré mi máximo esfuerzo para hacer el trabajo de la mayor manera posible.
Los padres de familia no apoyan a sus hijos.	Usare mis mejores recursos para que los padres brinden apoyo en casa y a sus hijos.

Cambio de Creencias

Los cuatro acuerdos

Teniendo como base el libro escrito por Miguel Ruiz, *Los Cuatro Acuerdos*, sugiero la presente técnica con la cual el maestro logrará grandes resultados.
Nota: Escriba en un lugar visible de su salón de clases la lista de los siguientes cuatro acuerdos. Una vez que lea de qué se tratan fácilmente los recordará.

1. Sea impecable con sus palabras.

Recuerde que usted es un modelo para los estudiantes por lo tanto lo que diga repercutirá en sus vidas para siempre. Reflexione sobre esto:

- ¿Qué tipo de comentarios me traerán mayor satisfacción a mí y por ende a mis estudiantes?
- ¿Diciendo qué frases estoy sembrando optimismo, confianza y amor propio en los que están cerca de mí?
- ¿Qué tipo de críticas llevo a cabo? ¿Vale la pena seguirlas haciendo?
- ¿Qué palabras salen de mi boca para ayudar a un estudiante con problemas de aprendizaje y/o de conducta?
- ¿Qué comentarios debo hacer a aquellos estudiantes obedientes, enfocados en su trabajo y que no ocasionan ningún tipo de problemas?

Lo que sembramos en la mente de los demás eso se cosecha. Recordemos que la mente es un campo fértil.

2. No tome nada personal.

El problema en el trabajo se origina cuando empezamos a tomar los comentarios de los demás de manera personal. Cuando estamos completamente seguros de lo que somos y lo que no somos, no esperamos elogios ni criticas de nadie. Si los comentarios de los demás lo llegasen a estresar por tomarlos personalmente, lo mejor es ignorarlos. A un buen número de personas les encanta murmurar de los demás. Es este gran defecto el que ha conllevado a miles de personas a dañar y a perder su reputación.

No se puede complacer a todo mundo. Piense en si mismo, piense que usted necesita estar bien para que aquellos que lo aman también estén bien. Recuerde que en PNL decimos que el mapa no es el territorio, es decir, cada quien ve la realidad de diferente manera.

COACHING PARA EL MANEJO DEL ESTRÉS

Ante este hecho todos los seres humanos estamos a la vista de todos, para ser alabados o criticados. Esta alabanza o crítica no necesariamente es la real, recuerde que quien lo haga, lo está haciendo desde su propia perspectiva. Entonces, que no le afecte lo que digan los demás acerca de su desempeño, a menos que se le demuestre con pruebas que el trabajo no lo está realizando eficientemente. En este caso si debe poner atención y tomar medidas.

3. No haga suposiciones

Es fácil decirlo pero difícil de llevarlo a cabo. Este es un mal hábito que poseemos los seres humanos. Para evitar hacer suposiciones es recomendable preguntar cuántas veces sea necesario para que se aclare determinada situación, ya sea con sus colegas, estudiantes o el director, con el propósito de evitar pensar o ejecutar algo de manera errónea. Preguntar es de sabios. Evite preguntar el porqué de las cosas. Cuando preguntamos "por qué" limitamos la respuesta a "porqué si" o "porqué no". La conversación no fluye y nos quedamos cortos de información. Es recomendable hacer preguntas que contengan las palabras qué y cómo.

En el Capítulo 2, hablamos de la importancia de las preguntas poderosas. Póngalas en práctica y verá excelente resultados.

Ejemplo de preguntas poderosas a sus estudiantes:

- ¿Qué quieres decir con eso que escribiste?
- ¿Qué sucedió en el receso?
- ¿Me puedes explicar las razones por las cuales no hiciste tu tarea?
- ¿Crees que puedes finalizar el trabajo? ¿Qué te limita?
- ¿Cómo podemos solucionar este problema?

Este tipo de preguntas promueven la introspección por parte del estudiante y un razonamiento más elevado que favorecerá el área académica, y también el área social. Es hora de pensar en empoderar a los estudiantes y una forma fácil de crear este buen hábito es a través de las preguntas poderosas.

4. Haga siempre lo mejor que pueda.

Si se exige demasiado en su trabajo llenará su vida de estrés innecesario. Si no da más de lo que en realidad puede dar, se sentirá frustrado. Conozca sus límites y de lo mejor de sí. Usted no tiene que demostrarle a nadie sobre sus capacidades. Se supone que si está trabajando como maestra o maestro, su director o directora cree en sus capacidades. Evite demostrar a otros lo bueno que usted es haciendo su trabajo. No tiene que convencer a nadie de lo bien que sabe hacer las cosas. No gaste su energía de manera innecesaria. Enfóquese en lo que realmente es valioso para usted. Ahí encontrará su realización como docente.

El círculo del poder

Escoja tres metas que usted desea que queden impregnadas en la mente de sus estudiantes y que serán de gran beneficio para ellos y por ende para usted también. Oraciones cortas como las que yo utilice con mis ex estudiantes: "Yo puedo", "Yo soy inteligente" y "Yo soy Feliz". Luego pídales que hagan un círculo imaginario cerca de ellos y que entren a ese círculo imaginario. Posteriormente, pídales que repitan esas tres oraciones (téngalas escritas siempre en el pizarrón de ser necesario). Cada vez que usted sienta la necesidad que se enfoquen en estos tres hábitos, solamente tiene que indicarles que se coloquen en el círculo de poder y pronuncien con ánimo y convicción estas tres frases.

Seleccioné estas frases porque un buen grupo de mis estudiantes reflejaban carencia de autoestima, se creían poco inteligentes e incapaces de lograr lo que les solicitaba. Además, sus rostros manifestaban tristeza y falta de ánimo. Yo quería verlos felices independientemente de lo que estuviera sucediendo en sus hogares. Por lo menos ese momento del día estarían contentos al decirse a así mismos que lo eran y esa actitud podría continuar en sus hogares. Esa repetición provocó dicha creencia debido al cambio de pensamiento negativo que tenían de sí mismos. Los niños con excelente autoestima, listos y alegres reforzaron aún más esas cualidades. Durante las conferencias con los padres de familia me manifestaron sobre el cambio de actitud positiva de sus hijos. Incluso a veces los escuchaban decir estas oraciones en sus casas. Esta autosugestión ¡funcionó!

Tener niños con actitud positiva ayuda al ambiente del salón y por ende es un elemento menos de estrés que pudiese favorecer la vida de los docentes.

El ejemplo de David

Tuve un estudiante con problemas de habla, no pronunciaba bien las palabras y se frustraba continuamente especialmente al comunicarse por escrito. Este era un niño muy competitivo, enérgico y con un alto nivel de auto motivación. No puedo olvidar a David, ya que siempre que me acercaba a él para hacer algún tipo de conferencia me decía: "Maestra, yo puedo, yo soy inteligente, yo soy feliz". Este niño sí que tomó bien en serio las frases que componían su círculo del poder. De ser un niño retraído e inseguro debido a su limitación, pasó a ser un niño seguro de sí mismo y ejemplo de sus compañeros de salón.

Prevención del estrés en el trabajo

Nos hemos enfocado a los largo de este libro sobre los tipos de estrés, los síntomas, consecuencias en la vida de las personas y técnicas para el manejo del estrés. Sin embargo, considero de suma importancia tratar la prevención del estrés. A continuación, brindo una serie de ideas para que el estrés no toque sus puertas ni la de sus seres queridos.

1. Duerma de seis a ocho horas. Su cuerpo y mente necesitan descansar. Establezca una hora de ir a la cama y otra de levantarse. Este es un excelente hábito a considerar para evitar que se fatigue innecesariamente.

2. Aliméntese bien y no salte ningún tiempo de comida. Evite comer alimentos procesados. Coma regularmente frutas y verduras. Escuche a su cuerpo. Él le pedirá lo que es sano ingerir.

3. Dedique tiempo libre para cuidarse a sí mismo y para hacer actividades que le agraden. Busque un pasatiempo. Consiéntase. De esa manera sentirá que hay vida y que el trabajo no lo es todo.

4. Practique un tipo de ejercicio físico. Inscríbase en un gimnasio. Salga a caminar a solas o en compañía. Organice un equipo de ciclistas, nadadores e incluso bailarines.

5. Piense en usted, ámese. Si no hace lo que le gusta hacer se frustrará y su cuerpo tarde o temprano le pasará la factura.

6. Escoja un buen número de amistades y que aporten algo positivo en sus vidas. Evite aquellas personas negativas y que destilan odio, envidia y amargura. Elimine las relaciones toxicas.

7. Aprenda a decir no y a poner límites tanto en su vida personal como laboral. Aplique la técnica IPER que se discutió en el Capitulo 4.

8. Evite el auto sabotaje. Si está queriendo lograr una determinada meta crea en ella y persevere hasta alcanzarla. Que sus pensamientos no lo limiten ni lo hagan creer que usted no es capaz.

9. Consulte con un Coach en caso de que sienta que necesite una guía en su vida para la prevención del estrés.

Capítulo 6

DIGA NO AL MIEDO, A LA INCERTIDUMBRE Y AL ESTRÉS: COACHING PARA ENFRENTAR EL CAMBIO EN LA EDAD ADULTA

Por alguna razón las personas de la tercera edad me atraen, quizás porque he conocido muchas personas que al llegar a esa edad se empiezan a apagar como una vela. Considero que una de las razones por las cuales una persona en la "edad de oro" puede estresarse es debido a la falta de creencia en sus propias capacidades.

En nuestra sociedad occidental las personas que se jubilan son discriminadas, mal vistas y los hacemos sentir que no sirven. No se valora el gran conocimiento y experiencia que poseen.

Partamos del hecho que en muchos países latinoamericanos las políticas de contratación de personal se enmarcan en contratar personal hasta los 40 años. Incluso, existen organizaciones que tienen como política contratar personal para puestos gerenciales hasta la edad de 30 a 35 años. Yo recuerdo haber recibido decenas de resúmenes de personas altamente calificadas que deseaban trabajar por menos salario, pero no se consideraban como candidatos potenciales porque no cumplían con los requisitos de contratación de personal.

En una ocasión, cuando me desempeñaba como Jefe de Recursos Humanos, una señora me rogó, con casi lágrimas en sus ojos que le diera la oportunidad de trabajar. Era una candidata súper preparada, reunía todos los requisitos del puesto de trabajo. Su edad oscilaba entre los 40 a 45 años. Lastimosamente no fue considerada para la siguiente ronda de entrevistas por el Jefe del Departamento. Este tipo de casos son muy comunes hoy en día, ocasionando presión en la vida de las personas.

131

¿Cuántas personas en el mundo están desempleadas, sintiendo desvalorizadas y sin esperanza? Estas personas están cavando sus propias tumbas porque, ¿cómo podrán vivir si no hay oportunidades de trabajo? Imagínese el efecto en la psique de estas personas y por ende en la sociedad.

Por otro lado, quisiera compartir el punto de vista de Joseph Murphy, ante el tema de las personas que poseen más de 60 años de edad. En su obra, motiva al lector que se encuentra en esta edad diciendo que "...la mente subconsciente nunca envejece ya que constituye una parte de la mente universal de Dios, que nunca nació y nunca morirá".

He observado a un buen número de ancianos que reflejan paz, paciencia, armonía y amor. Estas personas poseen un espíritu joven. No podemos seguir con la creencia que llegar a los 65, 70 y 80 años es sinónimo del fin de cualquier persona. Piense en esas personas de las que le hablé, que a la edad de 40 años no pueden optar a un puesto de trabajo. Se espera que el gobierno de estos países y las empresas privadas tomen muy en serio este sector de la población, que cada día crece más para prevenir un sinnúmero de riesgos y enfermedades debido al estrés causado por la carencia de una fuente de ingreso.

Murphy nos invita a percibir el envejecimiento como un cambio. "La mente y el espíritu no envejecen...muchas personas llegan a los 65 años y se sienten desvalorizados, inútiles, viejos". Como dice el autor, el cabello cano, si le quedara algún cabello, simboliza mayor sabiduría, destreza y conocimiento. Las personas jubiladas siempre tendrán una mente joven al aprender algo nuevo cada día. Cuando las personas se jubilan a los 65 y 70 años parecen descomponerse en pocos meses.

Hay que ver a las personas de la tercera edad como seres productivos y no prisioneros de la sociedad. En Estados Unidos, las personas de la tercera edad llegan a tener la posibilidad de seguir trabajando en caso que lo quieran hacer o necesiten. Por otro lado, hay un sinnúmero de actividades de voluntariado donde ellos pueden participar, solamente por el hecho de sentirse útiles e importantes.

En los países en vía de desarrollo estas personas, muchas veces están recluidas en sus hogares. No se crean espacios para que puedan sentirse útiles donde puedan brindar su sabiduría a las generaciones más jóvenes.

Lastimosamente, los medios de comunicación venden una imagen que daña el amor propio de estas personas que de por sí ya se encuentra débil por el rechazo en sus propios hogares y la sociedad. Al eliminar de sus mentes las ideas de ancianidad y falta de utilidad tanto en sus propias vidas como en sus familias, esta población se sentirá liberada y consecuentemente útil. Piense en todas las personas que ha conocido a lo largo de su vida y que han empezado una nueva vida a llegar a esa edad. Hay famosos presidentes, artistas, músicos y filósofos que a esa edad han aprendido nuevas habilidades difíciles de imaginar.

Todo está en la actitud

La actitud mental juega un papel muy importante independientemente de la edad que se tenga. Conozco a una persona que desde su adolescencia dice sentirse y verse mayor. Mi padre de 88 años de edad, se siente como de 50 años. Su espíritu lo mantiene joven. El sueña con seguir viajando, con hacer nuevos negocios, le gusta leer, lo cual hace que su mente esta ocupada. Es un hombre alegre y optimista, bueno y amable. ¡Eso es ser joven! Cuando hablo por teléfono con él y le pregunto cómo se siente siempre me responde muy anímicamente: ¡Muy Bien! Lamentablemente, el podría aportar más a la sociedad por la experiencia que posee, pero no es tomado en cuenta como pasa con miles de personas de la tercera edad. Mi madre a los casi 80 años es líder de un grupo de la iglesia, toman muy en cuenta su opinión al momento de hacer algún tipo de proyecto social en su ciudad natal. La invitan a participar en canales televisivos y de la radio para el desarrollo de algún tema de interés de la comunidad. Es agradable ver la manera en cómo sus conocimientos y capacidades siguen siendo útiles a la sociedad. Podría decir que es una persona dichosa porque la sociedad donde se desenvuelve no la ha marginado.

Creo importante que como Coach le enseñemos a estas personas que no se subestimen ni se dejen subestimar. No importa la edad que se tenga, el cerebro es un órgano flexible y puede aprender nuevas formas de ser y ver la vida. Si este segmento de la población está inmerso en un nivel de estrés debido al rechazo de la sociedad, a la intolerancia y falta de consideración, es recomendable la guía de un Coach que le ayude ver otras posibilidades.

Según la encuesta llevada a cabo para esta publicación, el 100% de los participantes piensa que la guía de un Coach puede generar cambios de actitud frente al estrés. Teniendo como base ese resultado se confirma una vez mas lo útil e indispensable que un Coach puede llegar a ser para guiar a sus clientes con las estrategias y herramientas necesarias para disminuir el estrés (Ver anexo).

Temor al cambio

Supongo que el cambio no es fácil, hablando específicamente en la jubilación. El miedo es normal ante toda situación de cambio y la manera en cómo se afronta depende de las creencias de cada persona, de las experiencias vividas y del grado de cambio al cual se verá sometido. Ese miedo puede ser visualizado también de diferentes maneras. Hay una expresión que dice: "Hay una luz al final del túnel", y si, la hay. Lo difícil para muchos es estar en ese túnel dando vueltas y vueltas. Es ahí cuando se llevan a cabo las crisis, las enfermedades físicas y emocionales. Sin embargo, valiéndose de las técnicas y herramientas del Coaching ese cambio puede ser

COACHING PARA EL MANEJO DEL ESTRÉS

satisfactoriamente manejado obteniendo resultados positivos para el Coachee. Hay que recordar que de toda experiencia que se obtenga en la vida, es el aprendizaje logrado el mejor regalo

En el caso de los jubilados, el cambio se relaciona con varios aspectos que todavía no están claros en la mente de la persona. Algunas de las preguntas que dicha población se hace o querrá hacerse para tomar acción son:

1. ¿Qué haré con mi tiempo libre?
2. ¿De qué manera podré seguir interactuando con las amistades de mi trabajo?
3. ¿Qué otras amistades o relaciones quisiera fomentar?
4. ¿Qué actividades de voluntariado estoy dispuesto o dispuesta a realizar?
5. ¿Qué imagen quiero proyectar a mi familia y amistades?
6. ¿Qué me motiva a dar esa proyección?
7. ¿De qué manera deseo ser percibido/percibida?
8. ¿Qué tipo de actividades puedo llevar a cabo para obtener ingresos?
9. ¿Cómo sería un día ideal como jubilado?
10. ¿Qué puedo hacer para alcanzar ese día ideal?
11. ¿Con qué recursos internos y externos cuento para manejar ese nuevo cambio que se avecina o que ya tengo?

Estas y otras preguntas son claves para preparar a esta población ante los inminentes cambios que se suscitan o se suscitarán en sus vidas a corto plazo.

Algo que genera estrés a cualquier persona, y en especial a las personas de la tercera edad es el pensar en el futuro, en lo que va a pasar con los hijos y con los nietos. Es normal este tipo de preocupaciones en cualquier persona que ama a su familia. Sin embargo, se recomienda poner límite a estos pensamientos, ya que muchas personas dejan de vivir su presente debido a la preocupación de su futuro el cual no puede ser controlado. El tiempo los llega a controlar siendo incapaces de ser ellos quienes controlen el tiempo. Dejan de vivir y gozar el presente. Ante cambios, el autoestima juegan un rol importante, ya que cuando se posee un buen nivel de autoestima y de seguridad, los cambios son más fáciles de afrontar. De esta manera se previenen las angustias, ansiedades y depresiones innecesarias.

Estudio de Casos

Expondré dos casos de jubilados, mayores de 65 años que han sido víctimas de estrés debido a las razones manifestadas por ellos mismos. El estudio de caso se realizó mediante entrevista personal. Para ello se elaboró una guía de entrevista.

GUÍA DE ENTREVISTA

Datos Generales:

- Nombre
- Edad
- Profesión
- Estado civil
- ¿Desde cuándo está jubilado?

HISTORIA LABORAL

- ¿Cuáles fueron sus desempeños laborales?
- ¿Cuáles fueron sus momentos de realización o sus principales logros
- ¿Qué cosas no logró?
- ¿Si tuviera cambiar algo hoy de esa persona que fue, que cambiaría?

SITUACIÓN ACTUAL

- ¿Qué lección positiva incorporaría o ha incorporado?
- ¿Vive solo o acompañado?
- ¿Cómo él se ve en su nuevo rol ante la sociedad y la familia?
- ¿Cómo lo ve la sociedad y la familia?
- ¿Qué aportes concretos le puede dar hoy a la sociedad y la familia?
- ¿Qué le pediría a la familia y a la sociedad para tener una mayor realización?
- ¿Qué síntomas de estrés se han manifestado desde su jubilación?
- ¿Como lo ha manejado?
- ¿Qué recomendación le daría a las personas que están por jubilarse o que se han jubilado?

Caso 1

El primer caso se trata del Señor Eduardo Betancourt. Tiene 88 años de edad, Bachiller en Ciencias y Letras, casado y desde hace 6 años está jubilado. Trabajó en ventas por 23 años en la IBM (ahora conocida como GBM) en su país natal. Se dedicó a vender equipos de oficina, máquinas de escribir, computadoras y copiadoras. Uno de sus momentos de realización profesional fue el ganar durante 22 años el Golden Circle Award que la compañía otorgaba a los empleados que se destacaban en alcanzar las cuotas estipuladas a inicio de año. Manifestó que un año no logró su meta debido a la guerra que hubo en el país.

Con convicción y gran satisfacción me dijo que en esa compañía dejó un record como pocas personas y que su trabajo fue de excelencia. Al preguntarle si hubo algo que no logró dijo que todo lo que se propuso lo había alcanzado. A la vez manifestó que nada cambiaría en su vida si tuviera la oportunidad de hacerlo. Comentó estar contento de lo que logró. Todo lo que pensó alcanzar lo llevo a cabo. Se dedicó a su familia y a educar a sus hijos. "Tengo salud y me siento realizado", dijo.

Al preguntarle qué lección positiva incorporaría o ha incorporado responde: "si yo volviera a nacer volvería a trabajar con la IBM. Esa experiencia me hizo crecer en todo sentido. Además, tengo buenos recuerdos de esos años en esa empresa. Si estuviera joven volvería a trabajar en la IBM. Es una de las mejores del mundo". Ante su nuevo rol en la sociedad y la familia se ve satisfecho, pero no conforme. "He sido un hombre afortunado"-dijo Betancourt. Estoy planeando hacer un negocio y de esa manera ayudar a la gente necesitada. La sociedad y la familia me adoran. Me respetan. Estoy contento con ellos y con los amigos que tengo. Soy una persona apreciada".

En cuanto a algunos aportes concretos que le pudiese dar hoy a la sociedad y la familia dijo que tiene algunas limitaciones. "Yo quisiera dar más pero no puedo", indicó, pues no lo dejan manejar y depende de su esposa para que lo lleve a los lugares que desea ir. Por otra parte, comentó que está contento de pertenecer a la Asociación de Hombres Cristianos de Negocios. A través de esta asociación se puede apoyar y colaborar con la gente en todos los sentidos. El ayuda a las personas y desde que pertenece a ese movimiento se siente más contento, más satisfecho. "Siempre quiero algo más, quiero seguir haciendo el bien. Me gusta rezar y es algo que practico todos los días, varias veces. El rezo me ayuda, me da alegría y recibo el cariño de Dios".

Explicó que no se estresó al momento de salir de trabajar de la compañía ya que preparó y planifico su jubilación. En este momento me recomendó leer un libro llamado *Psicocibernética* de Maxwell Matlz, el cual fue un libro otorgado a su persona en una sesión de Coaching que recibió cuando trabajaba en la IBM. Ese y otros libros le ayudaron mucho para preparar su mente ante diversas situaciones. Sin embargo, si se estresó cuando tuvo un cambio en su vida ante el cual no estaba preparado. Por razones de seguridad, él y su esposa debieron moverse a

COACHING PARA EL MANEJO DEL ESTRÉS

un nuevo lugar donde vivir. Ese estrés trajo consigo ciertas manifestaciones en su organismo como la depresión. Para poder superar esa condición, puso en práctica los conocimientos adquiridos en la trayectoria de su vida, en cuanto a la importancia de tener una mente positiva.

El libro anteriormente mencionado y otros le ayudaron a sobrepasar esta etapa exitosamente. Además, ha aceptado el cambio. Reconoce las limitaciones de su cuerpo, se siente satisfecho consigo mismo y siente que la compañía de la familia le ha ayudado mucho. Finalmente le recomienda a las personas jubiladas se mantengan activas, ya que la ocupación llena la vida de las personas. Sentirse útil es lo más importante, señaló.

Caso 2

El Licenciado en Economía, Mario Batres Pineda de 78 años edad está jubilado desde el 1 de Julio de 2014. Laboró por 25 años en diferentes empresas: en la Aseguradora Hondureña, Previsión y Seguros S. A. por 4 años; Compañía de Seguros Interamericana, por 8 años y Seguros Crefisa S. A. por 15 años. En su larga trayectoria laboral, el Licenciado Batres inició desempeñando funciones como asistente de contabilidad, alcanzando diversos puestos hasta llegar a ser Gerente General y Presidente. Uno de los principales momentos de realización profesional fue el haber logrado alcanzar el puesto ejecutivo más alto y colocar a las empresas en posiciones cimeras en el campo asegurador hondureño. "La meta de la compañía era estar como líderes en el mercado y no se pudo lograr", lamentó el entrevistado.

Al preguntarle ¿si tuviera algo hoy de esa persona que fue, que cambiaria? El respondió que "el único ingrediente que le agregaría sería mayor ambición". Además comenta que "la vida solo se vive una vez por lo que hay que disfrutarla, siendo la mejor manera la dedicación al trabajo. Me veo como un hombre realizado y dispuesto a colaborar con la sociedad en la medida que sea solicitado.

La sociedad y familia me ve como un hombre que dedicó toda su vida al trabajo, que supo guiar a sus hijos y que merece tranquilidad. Le puedo dar a la sociedad y a la familia todos los conocimientos que adquirí y la experiencia vivida en las diversas facetas que me tocó actuar". Además, ante la pregunta: ¿Qué le pediría a la familia y a la sociedad para tener una mayor realización?, el Licenciado Batres señaló que "si consideran que aun puedo serles útil, no vacilen en buscarme".

Referente a los síntomas de estrés que se le han manifestado desde su jubilación señaló que a los nueve meses de retiro se le desarrolló un Herpes sencillo. Ha sido capaz de manejarlo a través de las consultas médicas correspondientes y tratando de buscar ocupaciones caseras. El Licenciado Batres recomienda a las personas que están próximas a jubilarse o a los jubilados que "pasar de una carga de trabajo fuerte a no hacer mucho, no parece recomendable por lo que me parece que la jubilación debe hacerse en forma gradual, es decir, empezar a desligarse de las obligaciones en la medida en que el sustituto necesite menos del consejo y la orientación. Si lo anterior no fuere posible, encuentre un sustituto suave para que el cambio no sea tan brusco". Finalmente comenta que "la vejez no debe tomarse como un mal perjudicial, al contrario, es una de las etapas de la vida que debe servirnos para aconsejar. Cuando jóvenes nos parece que esta etapa dista mucho de alcanzarla y por ello muy poca atención damos a los mayores. De repente nos encontramos que el tiempo se fue rápido y lo que ayer era fácil, hoy se nos vuelve difícil. Hay que tomar en su contexto total al viejo jubilado, recordando que su cerebro contiene una experiencia enorme de la vida y por tanto hay que escucharlo, porque los jóvenes de hoy, serán los viejos del mañana".

Podemos resumir que ambas personas se sienten realizadas por los logros despeñados a través de su vida profesional y personal. Los indicadores de planificación, apoyo familiar y de la sociedad aportan un gran beneficio en la vida de ambas entrevistados. Estos casos son un ejemplo tangible de la necesidad que poseen de seguir sintiéndose útiles, de demostrar que todavía pueden ser personas capaces de ayudar, por lo tanto de ser tomadas en cuenta por los familiares y por la sociedad.

En esas canas y en esas arrugas esta la sabiduría que muchos de nosotros necesitamos. Acerquémonos a ellos con oídos atentos a sus palabras, con ojos abiertos para ver a través de sus historias las experiencias adquiridas y con el corazón dispuesto a reconocer sus sentimientos. Todos los elementos del Coaching ayudan al Coachee a estar en un mejor estado y eso aplique a cualquier persona sin importar, raza, género y edad.

Esta obra empezó con la historia del Coaching y finaliza con el capítulo sobre el estrés en la edad adulta. A través de la lectura hemos visto la manera en que este tema se ha ido desarrollando y evolucionando. Deseo que ese mismo desarrollo y evolución haya sido adquirido por parte del lector por medio de una técnica leída, una estrategia adquirida, simple y sencillamente a través de mis propias historias y de los demás que muy gentilmente colaboraron para hacer de este libro, un libro lleno de experiencias y realidades, un libro lleno de esperanza y motivación para decir: "Yo puedo. Yo quiero estar mejor. Creo en mí y en mis recursos. Creo que Dios me da la fuerza y el amor, por lo tanto merezco sentirme mejor y hacer lo necesario para estar en el estado que merezco: La Felicidad".

DILCIA BETANCOURT

CONCLUSIÓN

Está comprobado que el Coaching es una herramienta muy poderosa para mover a una persona de su situación de estrés a su punto deseado, el cual es la tranquilidad, armonía y salud física. Se ha dicho repetidas veces en este escrito que todos poseemos los recursos internos necesarios para cambiar la estructura de pensamientos, permitiendo que los paradigmas y creencias limitantes no paralicen la auto realización, la armonía en nuestro ser y por ende la salud. El estrés, tal y como lo pudimos observar, puede ser el peor enemigo de un individuo pero a la vez, nuestro mejor amigo si lo llegamos a reconocer, manejar y dominar a través de la incorporación de las técnicas y estrategias brindadas en dicha obra. Esta retroalimentación da pie al aprendizaje que tiene un valor inconmensurable en las vidas de las personas.

Al darse un individuo la oportunidad de explorar las sesiones de Coaching, se enterará que está inmerso en un mundo infinito de oportunidades, ya sea para manejar mejor sus finanzas, relaciones interpersonales y su relación intra-personal. También su salud puede alcanzar estabilidad y sus síntomas de estrés pueden llegar a desaparecer o por lo menos a disminuir y/o controlar. Sí, poseemos los recursos, la inteligencia emocional, la programación mental que nos guían por ese sendero de entendimiento y comprensión de las situaciones.

La mente subconsciente nos brinda las respuestas a tantas preguntas que tenemos y que a veces no podemos comprender debido a la falta de conciencia de cómo trabaja la mente subconsciente. Esas respuestas son el resultado de las preguntas poderosas que el Coach es capaz de brindar a su Coachee en el momento adecuado. La auto reflexión es otro elemento importante en las sesiones de Coaching, lo cual provocará en el Coachee la oportunidad de encontrar lo que busca dentro de sí mismo.

En el ámbito laboral también se pueden ver resultados poderosos a través del uso del Coaching. Hemos profundizado en la manera en cómo el estrés afecta la vida personal de un empleado y por ende su entorno. Hacer uso de las técnicas y estrategias de Coaching permite que las empresas, organizaciones e instituciones logren tener empleados con menos recurrencia a enfermarse, personal más realizado a nivel personal y profesional, reducción de gastos que pueden ser prevenidos por un buen manejo del estrés por parte del personal y por la adopción de políticas de Recursos Humanos que permitan la mejoría en el trato a los mismos, el reconocimiento y en fin, la buena administración del activo más valioso de todo organización.

También reconocemos que las personas mayores y de la tercera edad no deberían perder las esperanzas ni la fe en que sus vidas pueden estar en mejores circunstancias. La mente es poderosa y todo depende de la actitud con que se miren los obstáculos, los cuales también son ricos en aprendizaje. A la tercera edad, miles de personas en la historia de la humanidad han empezado a "caminar". Usted puede ser ese Abraham y ese Moisés, piense en las futuras generaciones que necesitan de su sabiduría que predomina en cada cana, en cada arruga.

Finalmente, el manejo del estrés a través de las técnicas mencionadas será un legado, ya que son fáciles de ser adoptadas y enseñadas a los demás. Hagamos una mejor sociedad para vivir. Compartamos con nuestros seres queridos esas ideas y ejercicios que han brindado resultados positivos en nuestras existencias.

Se puede vencer cualquier pensamiento negativo, cualquier actitud de auto sabotaje, cualquier toma de decisión que no beneficie nuestra salud física y mental. Empoderemos a nuestros Coachees para que ellos sean instrumentos de cambio en sus familias y en la sociedad. Todos merecemos vivir en armonía, paz y con salud. Es un derecho universal.

BIBLIOGRAFÍA

- Biblia de Jerusalén. Editorial Española Desclee de Brouwer, S.A. 1975
- Dilts, Robert. "Cómo cambiar creencias con la PNL". Segunda edición. Málaga, Editorial   Sirio, S.A 2000
- Goleman, Daniel. "Inteligencia emocional". New York, Editorial Kairos 1996.
- Ruiz, Miguel. "Los cuatro acuerdos". Barcelona, Ediciones Urano 1998
- Joseph O'Connor y Andrea Lages. "Coaching con PNL". Barcelona: Ediciones Urano 2005.
- Miedaner, Talane. "Coaching para el Éxito: Conviértete en el entrenador de tu vida personal y profesional". Ediciones Urano. Barcelona, España 2002.
- Dolan, Simon. "Coaching por valores". LID Editorial Empresarial, S.L. Madrid 2012.
- Franco, Carmen. "Alcanzando el Éxito, recalculando el cambio". La Polilla Book Service, Miami 2015
- Leutticke, Frank. "Como convertirte en networker profesional y alcanzar la libertad financiera". Editorial Ecuador. Quito 2014
- Murphy, Joseph "El poder de la mente subconsciente", BN Publishing,USA 2008
- Biblia de Jerusalén. Editorial Española Desclee de Brouwer, S.A 1975
- Kiyosaki, Robert T., Lechter, Sharon L. "Padre Rico, Padre Pobre", Editora Aguilar, Altea, Taurus, Alfaguara, S.A, Colombia 2004

E-grafía

- Concepto de Coaching. https://es.wikipedia.org/wikiMay%(3%A9utica. 11-10-15
- Origen del término Coaching https://es.wikipedia.org/wiki/Coaching . 11-10-15Fariña, Alejandro. "Coaching personal" (2012).

http://xn-alejandrofaria-2nb.com/coaching-personal. 20-11-2014

- Campos, María Antonieta (2006) "Causas y Efectos del Estrés Laboral". URL: http://www.monografias.com/trabajos34/causas-estres-laboral/causas-estres-laboral.shtml. 16-11-2014
- Definición de estrés. https://es.wikipedia.org/wiki/Estr%C3%A9s . 4-12-15
- Robles, Lucia. (2013) "Coaching un semáforo para regular el estrés." http://www.efesalud,com/noticias/coaching-un-semaforo-para-regular-el-estrés. 11-10-15
- González, Victoria. (2015) "Diez frases famosas de Adolfo Hitler". http://www.muyhistoria.es/contemporanea/articulo/10-frases-famosas-de-adolf-hitler-481364380809   12-4-12
- Piqueras, Cesar (2015). "El trabajo creativo no entiende de prisas". http://www.cesarpiqueras.com/el-trabajo-creativo-entiende-de-prisas/   9-12-2015
- Definición de emoción. https://es.wikipedia.org/wiki/Emoci%C3%B3n#Etimolog.C3.Ada   18-12- 15
- Miguel Ángel Gómez Mompeán (2001). "PNL (Programación Neurolingüística) y estrés laboral. Técnicas de intervención en la prevención de riesgos laborales.".
- http://www.psicologiaonline.com/ciopa2001/actividades/62/ 17-12-15
- Definición de Programación Neurolingüística.
- Https://es.wikipedia.org/wiki/Programaci%C3%B3n_neuroling%C3%BC%C3%ADstica25-12-12
- Concepto de Meta modelo. http://www.pnl.org.mx/metamodelo.html. 25-12-15- Concepto de sugestión. https://es.wikipedia.org/wiki/Sugesti%C3%B3n. 28-12-15
- Técnica: Comunicándote con tu síntoma". http://plataformasalexito.org/wp-

content/uploads/2014/10/T%C3%89CNICA-COMUNIC%C3%81NDOTE-CON-TU-S%C3%8DNTOMA-ri.pdf. 28-12-15

- "Beneficios de la capacitación para empleados" http://www.emprendepyme.net/beneficios-de-la-capacitacion-para-los-empleados.html. 01-12-16
- "Tipos de estrés laboral". http://www.estreslaboral.info/tipos-de-estres-laboral.html 2-01-16
- "Fases del estrés". http://salud.ccm.net/faq/293-las-3-fases-del-estrés   2-12-16
- "Hans Selye". https://en.wikipedia.org/wiki/Hans_Selye   02-01-16
- Cesar Piqueras (2014) "El arte de hacer preguntas en el coaching". http://www.cesarpiqueras.com/preguntas-en-coaching. 15-12- 16
- Meta programas. http://programacionneurolinguisticahoy.com/metaprograma-4-semejanza-vs- diferencia. 19-1-15
- Modelos de pensamiento http://www.slideshare.net/patricia_sf/modelos-de-pensamiento. 19-1-16
- Sistema de representación. http://www.eneagrama.info/tipos-PNL.html. 21-1-16

Audios

- Curso básico de PNL. Descargado de la UNIVIR
- El Guerrero pacifico, internet, https://www.youtube.com/playlist?list=PLF23469B510BFA952
- Desarrollando una personalidad poderosa https://www.youtube.com/watch?v=talzhP-WTi4

Fuentes de informacion

1. [1] O'Connor, Joseph, Andrea Lages. "Coaching con PNL". Barcelona: Ediciones Urano 2005.
2. [2]Kiyosaki, Robert T, Lechter, Sharon L. "Padre Rico, Padre Pobre", Editora Aguilar, Altea, Taurus, Alfaguara, S.A, Colombia 2004
3. [3]Goleman, Daniel. "Inteligencia emocional". New York: Editorial Kairos; 1996.
4. [4]Ruiz, Miguel. "Los cuatro acuerdos". Barcelona: Ediciones Urano S.A 1998
5. [5]Murphy, Joseph "El poder de la mente subconsciente", BN Publishing,USA 2008

ANEXOS

Datos de la encuesta realizada a un total de 70 participantes, con edades inferiores a 18 hasta 60 años.

¿Conoce usted sobre el término coaching? Si 67% NO 33%

¿Piensa que la guía de un Coach puede generar beneficio en su vida? SI 91% NO 9%

¿Cree usted que su salud puede mejorar si aplicamos las técnicas de Coaching? SI 93% NO 7%

¿Es el estrés un factor de riesgo en la salud de las personas? SI 100% NO 0%

¿Piensa que la guía de un Coach puede generar cambios de actitud frente al estrés? SI 100% NO 0%

SOBRE LA AUTORA

Dilcia Betancourt, nació en Tegucigalpa, Honduras en 1970. Durante sus años de estudiante fue miembro activo y líder de un grupo de jóvenes católicos de su ciudad natal. Estudió Psicología en la Universidad Nacional Autónoma de Honduras (UNAH) ocupando puestos gerenciales en el área de Recursos Humanos en importantes empresas de su país. Además, obtuvo un certificado en Apoyo Psico-Social en Desastres y Emergencias otorgado por la UNAH y la Cruz Roja Americana. Fue miembro de la Cámara Junior de Tegucigalpa desempeñándose como Secretaria y obteniendo diversos reconocimientos por su excelente participación.

Desde el año 2003 reside en Estados Unidos junto con su esposo e hijo. Obtuvo su certificado como Maestra Bilingüe en el estado de Texas y ejerció esa profesión por varios años. Fue a mediados del año 2014 cuando su salud se vio abatida por el estrés incapacitándola de su trabajo por un tiempo, redujo su vitalidad y sentido de la vida. Después de probar un sinnúmero de alternativas para mejorar su salud y estado anímico, la Hipnoterapia fue una de las primeras técnicas que le brindó resultados positivos lo cual la condujo a certificarse como Hipnotista Profesional, siendo actualmente miembro del International Certification Board of Clinical Hypnotherapy (ICBCH). Posteriormente, conoció y se apasionó por las técnicas del Coaching y de la Programación Neuro-Lingüística (PNL). Fue así como su vida dio un giro inimaginable decidiendo formarse como Life Coach profesional a través de la Academia de Coaching y Capacitación Americana (ACCA) para poder guiar y dar esperanza a aquellas personas que por razones físicas o emocionales se encuentran

151

sumergidas en un mundo de tiniebla y soledad. Vivió en carne propia algunas enfermedades causadas por el estrés como la angustia, ataques de pánico, insomnio y depresión. Incluso superó los síntomas de la fibromialgia a través de las técnicas de Coaching y PNL. Aprendió que éstos pueden ser disminuidos y/o eliminados si cambiamos la forma de pensar. Ahora, es una mujer llena de una gran fe, convicción y entusiasmo con un inmenso deseo que otros dejen de sufrir tal y como ella lo logró.

Es miembro de la International Coaching and Mentoring Federation y de la Iglesia Saint Anthony of Padua en la ciudad de The Woodlands, Texas sirviendo a su comunidad Hispana y Anglosajona a través de la participación en diversas actividades que la iglesia ofrece, siendo líder en la organización y ejecución de retiros espirituales. Está convencida que somos artífices de nuestras propias vidas y que las técnicas del Coaching y PNL son instrumentos que pueden ayudar a todas las personas que deseen lograr plenitud sin dejar a un lado la firme convicción en Dios.

Mis Contactos

Puedes contactar conmigo para dudas, preguntas o por sesiones individuales por:

Web: www.global-lifecoaching.com
Email: dilcia.betancourt@global-lifecoaching.com
Skype: coachdilcia

Made in the USA
Monee, IL
08 November 2021

81454356R00090